고교영어 실내평가

PLAN A

구문
어법

김 기 훈　　現 ㈜쎄듀 대표이사
　　　　　現 메가스터디 영어영역 대표강사
　　　　　前 서울특별시 교육청 외국어 교육정책자문위원회 위원
　　　저서　천일문 / 천일문 Training Book / 천일문 GRAMMAR
　　　　　첫단추 BASIC / 쎄듀 본영어 / 어휘끝 / 어법끝 / 문법의 골든룰 101
　　　　　거침없이 Writing / 리딩 플랫폼 / READING RELAY
　　　　　절대평가 PLAN A / Grammar Q / 1센치 영문법 / 잘 풀리는 영문법
　　　　　독해가 된다 / The 리딩플레이어 / 빈칸백서 / 오답백서
　　　　　첫단추 / 파워업 / ALL 씀 서술형 / 수능영어 절대유형 / 수능실감 등

쎄듀 영어교육연구센터
쎄듀 영어교육센터는 영어 콘텐츠에 대한 전문지식과 경험을 바탕으로
최고의 교육 콘텐츠를 만들고자 최선의 노력을 다하는 전문가 집단입니다.

마케팅	콘텐츠 마케팅 사업본부
제작	정승호
영업	문병구
인디자인편집	김명렬, 올댓에디팅
디자인	윤혜영
영문교열	Eric Scheusner

Preface

수능 영어, 절대평가의 시대

지난 2018학년도 수능부터 영어 영역은 상대평가 방식에서 절대평가 방식으로 전환되었다. 절대평가란 다른 학생들과의 상대적인 비교가 아니라 본인 자신의 원점수만으로 등급이 결정되는 평가 방식이다. 원점수 100점 만점에 10점 단위로 등급이 계산되어 90점 이상은 1등급, 80점 이상은 2등급, 70점 이상은 3등급… 이 된다.

1등급을 위해 100점 맞는 공부를 해야 했던 최상위권들에게는 숨통이 트이는 소식이 아닐 수 없다. 한편, 상대평가 제도하에서 좀처럼 등급 향상을 할 수 없었던 중위권 학생들에게는 1등급이 얼마든지 도전해볼 만한 목표가 되었다.

그렇다면 과연 **무엇을 어떻게** 해야 하는 것일까?
수능 때까지 1등급을 안정적으로 유지할 수 있게 하는 것도, 1등급으로 치고 올라갈 수 있게 하는 것도 결국은 다 탄탄한 기본기의 문제다. 지난 20년간 현장에서 수험생과 함께해 온 쎄듀의 결론은, 수능 영어의 기본기를 이루는 어휘, 구문, 독해, 어법을 최대한 빠르게 정리 점검하는 동시에 앞으로의 학습 방향을 전략적으로 선택해야 한다는 것이다.

본 교재 PLAN A는 바로 위와 같은 목적을 이루기 위하여 탄생한 시리즈이다. 절대평가 시대에 반드시 갖춰야 할 **영어 기본기의 핵심**을 분야별로 담았으며, 더불어 **앞으로의 올바른 학습 방향**까지 제시하였다. 본 시리즈에서 다루어지는 핵심과 분야별 학습 방향은 굳이 절대평가 시대가 아니라 하더라도 수능 영어 학습을 계획하는 데 있어 놓쳐서는 안 될 필수적인 내용들이다.

분명한 것은 이제 수능 영어는 내가 노력한 만큼 점수와 등급이 나오는 '**자신과의 싸움**'이 되었다는 점이다. 자신을 믿어라. 어떤 어려운 상황이 닥쳐도 결코 좌절하거나 포기하지 마라. 모든 학생들이 3년이라는 짧지 않은 터널을 성공적으로 지나 합격의 영광을 마주할 수 있도록 쎄듀도 함께 힘차게 달릴 것을 약속한다.

저 자

[절대평가 FAQ]

Q 상대평가와 절대평가는 어떻게 다른가요?

A 상대평가가 학업성과를 다른 학생과 비교하여 성적의 위치를 부여하는 평가방법인 데 비하여, 절대평가는 어떤 절대적인 기준에 의하여 개개 학생의 성적을 평가하는 방법입니다.
'절대적인 기준'이란, 보통은 교육목표(학습지도의 목표)를 가리키는 경우가 많은데, 수능 영어에서는 교육부에서 발표한 대로 '고등학교 교육과정의 성취수준'이 됩니다.

Q 등급은 어떻게 분할되나요?

A 원점수 100점 만점에서 10점 단위로 등급이 매겨지는 식입니다.

등급	1	2	3	4	5	6	7	8	9
분할 기준 (원점수)	100~90	89~80	79~70	69~60	59~50	49~40	39~30	29~20	19~0

Q 절대평가는 왜 도입이 된 것인가요?

A 교육부 보도자료(2015. 10. 2)에 따르면, 다른 응시자 성적과 무관하게 본인의 원점수에 따라 정해진 등급을 부여받으므로 불필요한 경쟁이 줄어들고, 수능 대비를 위한 문제풀이에서 벗어나, 말하기, 듣기, 읽기, 쓰기를 균형 있게 향상시킬 수 있는 학교 수업으로 유도하기 위해서입니다.

Q 절대평가 시행 이후 난이도는 어떤가요?

A 절대평가 시행 첫 해였던 2018학년도에는 10%가 넘는 학생들이 1등급을 받은 데 반해, 2022학년도에는 1등급 학생의 비율이 6.25%로 떨어졌습니다. 2022학년도부터 EBS 연계율이 축소됨에 따라 수능 체감 난이도는 많이 높아졌으며 이러한 추세는 앞으로도 이어질 것으로 보입니다.

Q 절대평가로 바뀌었는데 굳이 영어공부를 해야 할 필요가 있을까요?

A 원점수 90점 이상으로서 1등급이 안정적으로 유지되어야 합니다.

원점수 90점 이상이라 하면, 예를 들어 듣기 17문항과 독해 2점짜리 21문항을 다 맞히고, 독해 3점짜리 총 7문항 중에서 4문항을 다 맞혔을 때 가능한 점수입니다. 역대 수능 중 가장 쉬웠던 2015학년도 수능의 문항별 정답률을 보면, 3점짜리 4문항이 정답률 56~58%를 기록하였고 정답률 60%대를 기록한 2점짜리 문항도 3문항에 달했으므로, 탄탄한 기본이 없으면 달성하기 어려운 점수입니다.

절대평가 시대에 1등급과 2등급은 엄청난 차이를 가져올 것이며, 특히 서울 소재 4년제 대학교에 진학하고자 한다면 반드시 1등급을 목표로 하는 학습이 이루어져야 하므로, 고1, 2 시절의 전국연합학력평가를 통해, 본인의 원점수가 90점 이상이 안정적으로 유지될 수 있을 때까지 노력을 게을리해서는 안 됩니다.

Q 저는 지금까지 영어공부를 많이 하지 않았습니다. 절대평가 1등급 가능할까요?

A 절대평가의 기준이 '고등학교 교육과정의 성취수준'이므로, 본인 노력 여하에 따라 얼마든지 가능합니다.

수능 영어는 고차원적인 사고 능력이 필요한 것도, 오랜 기간의 축적된 선행 학습이 반드시 필요한 시험도 아닙니다. 서문에서도 밝혔듯이, 본 교재 시리즈를 통해 필요한 기본기를 최대한 빨리 쌓고, 반드시 맞혀야 할 유형부터 차근차근 정복해 나가면 됩니다. 공부하는 만큼 성과가 나타날 것임을 명심하고, 포기하지 말고 꾸준히 매진하기 바랍니다. 본 교재에 제시된 학습 방향을 참고하기 바랍니다.

고교 3년 PLAN A

"16개월 만에 실질적 학습을 마쳐라"

고교 3년이라고 해도, 3학년 시기는 EBS연계교재 학습과 내신 총 4회, 모의평가 및 학력평가 총 6회, 수시지원 전략 수립 및 지원서 준비 등으로 학습을 할 시간이 많이 부족하다. 그러므로, 2학년 때까지 실질적인 학습을 모두 마치는 것을 목표로 해야 한다.

그런데 아래 표에서 보는 것처럼 1, 2학년 시기도 내신 준비 기간을 빼면 최대 8개월씩의 기간이 있을 뿐이기 때문에 학습이 가능한 기간은 총 16개월에 불과하다.

고1	1월	2월	3월	4월	5월	6월	7월	8월	9월	10월	11월	12월
	■	■	■	내신	■	내신	■	■	내신	■	내신	■
고2	1월	2월	3월	4월	5월	6월	7월	8월	9월	10월	11월	12월
	■	■	■	내신	■	내신	■	■	내신	■	내신	■

1학년 시기에는 기본기를 탄탄히 하기 위해 어휘와 구문 중심의 학습이 필요하고, 2학년 시기에는 이를 토대로 본격적인 독해 문제 풀이가 필요하다.

학년별로 좀 더 자세히 살펴보면 다음과 같다.

1학년 PLAN A 어휘와 구문

기본필수어휘를 다룬 어휘서를 하나 정하여 반복 암기한다. 어휘는 3년 내내 어휘 전문서든, 내신 대비든, 독해를 풀다가 막힌 어휘든, 수능 전날까지 꾸준하게 암기하겠다는 마음가짐을 가지도록 하자.
동시에 1학기에는 구문 학습에 집중한다. 이후 여름방학 때 빈출어법 교재를 학습하면 1학기 때 학습한 구문을 실질적으로 문장에 적용해보는 기회가 되므로 바람직하다. 2학기에는 독해 유형별 전략을 담은 교재의 학습을 마친다.

고1	1월	2월	3월	4월	5월	6월	7월	8월	9월	10월	11월	12월
	■	■	■	내신	■	내신	■	■	내신	■	내신	■

기본필수어휘 / 구문 →

빈출어법 →

독해 유형 전략 →

2학년 PLAN A 독해

앞서 1학년 2학기 때 익힌 독해 유형 전략을 실전에 적용해보기 위하여 유형별로 충분한 독해 문제를 접한다. 이때 2점이 주어진 문제는 거의 100%의 정답률을 내는 데 집중하고, 이후에는 특히 틀리기 쉬운 3점짜리 문항 총7개 중 4개 이상을 안정적으로 맞힐 수 있도록 해야 한다. 3점에 해당하는 문제 유형은 대개 빈칸, 어법, 어휘 등인데, 한 문제씩 등장하는 어법, 어휘보다 비중이 매우 높은 빈칸(최대 5문제) 유형을 공략하는 것이 좋다.

학습하는 어휘 난이도는 실전어휘 수준으로 약간 상향 조정한다. 이미 기본필수어휘를 충분히 익혔다면, 독해 문제를 풀다가 모르는 어휘를 반복 암기해도 좋다.

고2	1월	2월	3월	4월	5월	6월	7월	8월	9월	10월	11월	12월
	■	■	■	내신	■	내신	■	■	내신	■	내신	■

실전어휘 / 독해 유형별 집중드릴 →

빈칸 유형 집중학습 →

실전어휘 / 독해 모의고사 →

3학년 PLAN A EBS연계교재

아래 표에서 볼 수 있듯이 3학년은 시험의 연속이다. 또한 3월 학평과 4월 중간고사 이후, 지원 대학과 전형의 윤곽을 가늠하여 5월경부터는 수시준비(논술 또는 자기소개서 등) 등 본격적인 지원준비를 시작하게 된다. 이와 동시에 EBS연계교재에 대한 학습이 진행되어야 하는데, 앞서 2학년까지의 학습 플랜을 성공적으로 실천하였다면 그리 어렵지 않게 모든 일정을 마칠 수 있으리라 확신한다.

고3		1월	2월	3월	4월	5월	6월	7월	8월	9월	10월	11월	12월
	시험			학평	학평 중간고사		모평	학평 기말고사		모평	학평	수능	
	전형 일정								수능 접수	수시 접수			정시 지원
	주요 사항			지원 대학 윤곽	지원 전형 윤곽	수시 준비 시작			수시 지원 마무리 수능 100일 전		수능 30일 전		
	EBS 교재 출시	수능특강					수능완성						

EBS 연계교재 학습 / EBS 연계교재 어휘 →

변형모의고사 기출문제 →

Contents

구문

절대평가가 처음인 나를 위한 수능 구문 Point 16

어법

절대평가가 처음인 나를 위한 수능 어법 Point 10

미리 만나보는 수능문제, 미니 모의고사

〈책속책〉 정답 및 해설

Study Plan

본 교재를 16차시(8주 완성) 또는 20차시(10주 완성) 동안 학습할 경우 학습 플랜의 예시입니다.
자신에게 맞는 플랜을 골라 진도를 맞춰 학습하세요. (/) 안에는 학습한 날짜를 기입하고, 학습을 완료한 후에는 □ 에 ✔ 표시하세요.

예시 ❶ 16차시 학습 플랜

1차시	2차시	3차시	4차시
구문 Point 01 ~ 03	구문 Point 04 ~ 06	구문 Point 07 ~ 09	구문 Point 10 ~ 12
(/) 완료 □	(/) 완료 □	(/) 완료 □	(/) 완료 □
5차시	**6차시**	**7차시**	**8차시**
구문 Point 13 ~ 16	어법 Point 01	어법 Point 02	어법 Point 03
(/) 완료 □	(/) 완료 □	(/) 완료 □	(/) 완료 □
9차시	**10차시**	**11차시**	**12차시**
어법 Point 04	어법 Point 05	어법 Point 06	어법 Point 07
(/) 완료 □	(/) 완료 □	(/) 완료 □	(/) 완료 □
13차시	**14차시**	**15차시**	**16차시**
어법 Point 08	어법 Point 09	어법 Point 10	어법 미니 모의고사 1 ~ 4회
(/) 완료 □	(/) 완료 □	(/) 완료 □	(/) 완료 □

예시 ❷ 20차시 학습 플랜

1차시	2차시	3차시	4차시
구문 Point 01 ~ 02	구문 Point 03 ~ 04	구문 Point 05 ~ 06	구문 Point 07 ~ 08
(/) 완료 □	(/) 완료 □	(/) 완료 □	(/) 완료 □
5차시	**6차시**	**7차시**	**8차시**
구문 Point 09 ~ 10	구문 Point 11 ~ 12	구문 Point 13 ~ 14	구문 Point 15 ~ 16
(/) 완료 □	(/) 완료 □	(/) 완료 □	(/) 완료 □
9차시	**10차시**	**11차시**	**12차시**
어법 Point 01	어법 Point 02	어법 Point 03	어법 Point 04
(/) 완료 □	(/) 완료 □	(/) 완료 □	(/) 완료 □
13차시	**14차시**	**15차시**	**16차시**
어법 Point 05	어법 Point 06	어법 Point 07	어법 Point 08
(/) 완료 □	(/) 완료 □	(/) 완료 □	(/) 완료 □
17차시	**18차시**	**19차시**	**20차시**
어법 Point 09	어법 Point 10	어법 미니 모의고사 1 ~ 2회	어법 미니 모의고사 3 ~ 4회
(/) 완료 □	(/) 완료 □	(/) 완료 □	(/) 완료 □

고교영어 절대평가

PLAN A
구문

Doing the right things right!

절대평가가 처음인 나를 위한
수능 구문 Point 16

How to Study

"구문 학습으로 정확하고 빠르게 읽어라"

❶ 우선 구문 학습의 효과를 알라.

구문이란 영어에서 특히 자주 나타나는 특유의 표현 방식을 말하는 것으로 영어 문장을 정확하고 빠르게 이해할 수 있도록 도와준다. 즉, 독해를 할 때 그 문장을 이루는 단어나 어구를 문법적으로 세세히 분석하는 것은 그리 도움이 되지 않는다. (☞ 천일문 기본편 10p. 권두부록Ⅰ Q&A: How to Study) 구문 학습을 통해 얻을 수 있는 학습 효과는 다음과 같다.

1) 독해를 하기 위해 가장 기본적인 주어, 동사를 정확하고 빠르게 찾을 수 있다.
2) 문장을 의미단위별로 끊어 읽을 수 있다. 이에 익숙해지면 아무리 길고 복잡한 문장을 만나도 스스로 끊어 읽으며 이해할 수 있다.
3) 문장을 앞에서부터 차례대로 읽어나갈 수 있다.
4) 문장에서 중요한 핵심과 그렇지 않은 부분을 구분하고, 결과적으로 말하려는 바가 무엇인지를 판단할 수 있다. 이는, 단락 단위로 문제가 주어지는 수능 영어에서 단락 구조를 파악하거나 주제문을 찾아내는 데에도 도움이 된다.

❷ 문법의 도움이 필요할 때는 해당 부분을 참고하라.

구문 학습을 하다 보면 관련 문법 사항의 이해가 필요할 수 있다. 이때는 문법서의 해당 문법 부분을 참고하면 된다. 모두 기본이 탄탄해지는 과정이므로 주저하거나 포기하지 말고 참고하라.

이때 참고하는 문법서는 중학교 때 보던 문법책이 좋다. 만약 마땅한 것이 없다면 오른쪽 교재를 권한다. 충분한 예문과 간략하고 명쾌한 설명으로 기본 개념을 탄탄하게 해줄 것이다.

❸ 3단계로 학습하라.

1) 구문의 학습 포인트를 이해한다. 여기서 학습 포인트란 끊어 읽기와 해석 방법이다.
2) 해당 구문이 적용된 예문을 보면서 스스로 적용시켜보고 확인한다.
3) 반복 학습하며 문장을 암기한다.

How to Use This Book

빈출 구문 핵심포인트 16

5년간의 기출 분석을 통해 뽑은 필수 구문 16개와 그에 맞는 핵심 기출 문장을 바탕으로 영어 문장의 다양한 형태를 학습한다.

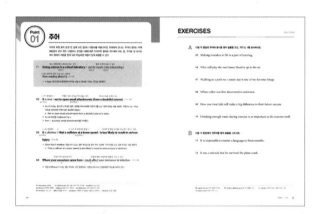

어순 감각 익히기

구문은 영어문장의 기본 원리를 이해하는 것이다. 끊어 읽기와 직독직해로 자연스럽게 어순 감각을 익힐 수 있게 구성하였다.

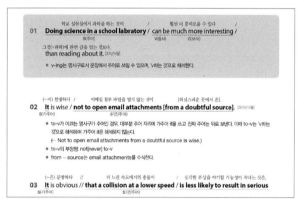

문장 성분 파악하기

엄선된 문장의 연습문제로 문장 성분을 빠르게 파악해내며 해석 능력을 기를 수 있다.

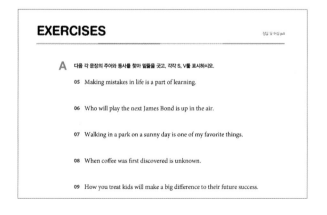

절대평가 수능 영어를 위한 로드맵

아는 것에만 그치면 안 되는 것이 공부! 앞으로의 영어 공부를 가장 효율적으로 할 수 있는 학습계획과 방향을 설정하였다.

주어

주어라 하면 흔히 문장 맨 앞에 쓰인 명사나 대명사를 떠올리지만, 독해에서 만나는 주어의 형태는 아래 예문들과 같이 매우 다양하다. 문장을 이해하려면 주어부터 올바로 파악해야 하는 법. 주어로 잘 쓰이는 여러 형태의 구문을 한데 모아 학습하면 어렵지 않게 해결할 수 있다.

학교 실험실에서 과학을 하는 것이 / 훨씬 더 흥미로울 수 있다 /

01 Doing science in a school laboratory / can be much more interesting /
　　　　　S(주어)　　　　　　　　　　　V(동사)　　　　　C(보어)

그것(=과학)에 관한 글을 읽는 것보다.
than reading about it. [2011년 6월]

● v-ing는 명사구로서 문장에서 주어로 쓰일 수 있으며, 'v하는 것'으로 해석한다.

(~이) 현명하다 / 이메일 첨부 파일을 열지 않는 것이 [의심스러운 곳에서 온].

02 It is wise / not to open email attachments [from a doubtful source]. [2015년 9월]
　　S(가주어)　　　　　　　　S'(진주어)

● to-v가 이끄는 명사구가 주어인 경우, 대부분 주어 자리에 가주어 it을 쓰고 진짜 주어는 뒤로 보낸다. 이때 to-v는 'v하는 것'으로 해석하며 가주어 it은 해석하지 않는다.

　(← Not to open email attachments from a doubtful source is wise.)

● to-v의 부정형: not[never] to-v

● from ~ source는 email attachments를 수식한다.

(~은) 분명하다 // 더 느린 속도에서의 충돌이 / 심각한 부상을 야기할 가능성이 적다는 것은.

03 It is obvious // that a collision at a lower speed / is less likely to result in serious
　　S(가주어)　　　　　　　　　S'(진주어)

injury. [2012년 11월]

● 접속사 that과 whether, 의문사가 이끄는 절이 주어로 올 경우 주어 자리에 가주어 it을 쓰고 진짜 주어는 뒤로 보낸다.

　(← That a collision at a lower speed is less likely to result in serious injury is obvious.)

조상이 어디 출신인지가 / 감염에 대한 저항력에 영향을 미칠 수 있다.

04 Where your ancestors came from / could affect your resistance to infection. [2011년 9월]
　　　　　　S　　　　　　　　　　　　V

● 의문사 Where가 이끄는 절이 주어로 쓰인 문장으로, 「의문사+S+V」의 간접의문문 어순을 취하고 있다.

---

01 laboratory 실험실　　02 attachment 첨부 파일; 애착; 부착, 부가물　　doubtful 의심스러운
03 obvious 분명한, 명백한　　collision 충돌 (사고), 부딪침　　less likely to-v v할 가능성이 더 적은
04 ancestor 조상, 선조　　affect 영향을 미치다　　resistance 저항(력) ※ resist 저항하다, 반대하다　　infection 감염; 전염병

EXERCISES

A 다음 각 문장의 주어와 동사를 찾아 밑줄을 긋고, 각각 S, V를 표시하시오.

05   Making mistakes in life is a part of learning.

06   Who will play the next James Bond is up in the air.

07   Walking in a park on a sunny day is one of my favorite things.

08   When coffee was first discovered is unknown.

09   How you treat kids will make a big difference to their future success.

10   Drinking enough water during exercise is as important as the exercise itself.

B 다음 각 문장에서 진주어를 찾아 밑줄을 그으시오.

11   It is impossible to master a language in three months.

12   It was a miracle that he survived the plane crash.

---

06 (up) in the air 아직 정해지지 않은   **09 make a difference to A** A에 영향을 주다   **11 master** 완전히 익히다; 굴복시키다; 주인
12 plane crash 비행기 추락 사고

목적어

목적어의 형태가 대부분 명사나 대명사일 것으로 생각하기 쉽지만 목적어의 형태는 매우 다양하며, 형태에 따라 의미가 달라지기도 한다. 아래 예문을 통해 목적어를 올바로 파악할 수 있도록 하자.

그녀는 학교 선생으로 일하기 시작했다 / 그리고 나중에는 교육학 학위를 받기로 결심했다.

01 She began **to work as a schoolteacher** / and later decided **to get a degree**
　　　　 S　 V₁　　　　　　　　 O₁　　　　　　　　　　　　　　　　 V₂　　　　 O₂

in education. [2015년 9월]

- 명사구(to-v, v-ing)도 목적어로 자주 쓰인다. begin은 to-v와 v-ing 모두 목적어로 취하며 이러한 동사로는 like, love, hate, prefer, start, continue, intend 등이 있다. 한편 decide는 to-v만을 목적어로 취하는데, 이처럼 동사에 따라 to-v만을 목적어로 취하는 것과 v-ing만을 목적어로 취하는 것이 있다.

to-v만 취하는 동사: v할 것을	v-ing만 취하는 동사: v하는 것을, v한 것을
hope, wish, expect, plan, decide, determine, choose, agree, refuse, promise, afford, need, learn, pretend 등	finish, stop, quit, give up, put off, postpone, avoid, mind, admit, deny, enjoy, consider, keep, practice 등

어떤 사람들은 기분에 영향을 주려고 노력한다 / 분위기를 바꿈으로써

02 Some people try **to influence their mood** / by changing the atmosphere
　　　　 S　　 V　　　　 O

[주변 환경의].

[of the environment]. [2015년 6월]

- try는 to-v와 v-ing 모두 목적어로 취하는데, 의미가 각각 다르다. 이처럼 목적어의 형태에 따라 의미가 달라지는 동사들은 아래와 같다.

try to-v: v하려고 노력하다	try v-ing: 시험 삼아 v해보다
remember to-v: v할 것을 기억하다	remember v-ing: v한 것을 기억하다
forget to-v: v할 것을 잊어버리다	forget v-ing: v한 것을 잊어버리다
regret to-v: v하게 되어 유감이다	regret v-ing: v한 것을 후회하다

우리는 알 수 있다 // 소리가 귀에 전달될 수 있다는 것을 / 여러 물질에 의해.

03 We can see // **that sound can be carried to the ear** / by various materials. [2013년 6월]
　　　　 S　 V　　　　　　　　　　　 O

- 접속사(that, whether, if), 의문사, 관계사가 이끄는 명사절도 목적어 역할을 한다.

로사는 (~을) 분명히 했다 // 우리의 행복이 그녀에게도 중요하다는 것을.

04 Rosa made **it** clear // **that our happiness was important** to her as well. [2014년 9월]
　　　　　　　 O(가목적어)　　　　 O'(진목적어)

- 목적어가 to-v구나 명사절인 경우, 목적어를 it(가목적어)으로 표시하고 진짜 목적어는 문장 뒤로 보낸다. 이때 it은 해석하지 않는다.

---

01 degree 학위; (각도 · 온도의 단위인) 도; 정도　　**02 mood** 기분　**atmosphere** 분위기; (지구의) 대기
03 various 다양한, 여러 가지의　**material** 물질, 재료; 직물

EXERCISES

정답 및 해설 **p.4**

A 다음 각 문장에서 목적어를 찾아 밑줄을 그으시오.

05 Time will tell whether my choice was right or wrong.

06 They will understand why we had to leave so early.

07 She forgot to lock the door and a man broke in.

08 Researchers found that seeing peaceful images can calm your brain.

B 다음 각 문장에서 진목적어를 찾아 밑줄을 그으시오.

09 I thought it important to find the right school and major for me.

10 She took it for granted that I would make a plan for our trip.

C 다음 각 문장에서 밑줄 친 부분이 어법상 맞으면 O표, 틀리면 X표하고 바르게 고치시오.

11 I didn't expect <u>seeing</u> you again so soon.

12 I don't mind <u>to go out</u> for dinner, but don't want <u>to stay</u> too late.

---

05 time will tell 시간이 지나면 알게 될 것이다   **07 break in** (건물에) 침입하다   **08 calm** 진정시키다; 차분한, 침착한
10 take A for granted A를 당연시하다, A가 고마운 줄 모르다

보어

보어에는 주어를 보충 설명하는 주격보어와 목적어를 보충 설명하는 목적격보어가 있다. 보어가 명사나 형용사일 것으로 생각하기 쉽지만, 보어의 형태는 매우 다양하다. 아래 예문을 통해 보어의 특징을 바로 알고, 순간적으로 찾아내 정확히 해석할 수 있도록 하자.

음식을 씹기 시작하면,   //   그 음식은 더 작고, 더 부드러워진다.

01 When you begin to chew your food, // it becomes **smaller and softer**. [2011년 11월]
　　　　　　　　　　　　　　　　　　 S 　 V 　　　　 C

● 주격보어로 형용사가 쓰인 문장. 보어로 형용사가 오면 주어나 목적어의 상태나 성질 등을 보충 설명하며, (대)명사가 오면 주어나 목적어와 동격의 개념이 된다.
● (대)명사나 형용사 외에도 전명구(전치사+명사구), 부정사, 동명사도 보어로 쓰일 수 있다.

그들의 가장 큰 불만은 ~이다   //   읽을거리를 아무것도 찾을 수 없다는 것 [그들에게 흥미를 일으키는].

02 Their biggest complaint is // **that they can't find anything to read [that interests**
　　　 S　　　　　　　　　　 V 　　　　　　　　　　　　　　　　　　　　　　　 C

them]. [2014년 11월]

● 접속사 that이 이끄는 명사절이 주격보어로 쓰인 문장. 접속사 that, whether, 관계사 what이 이끄는 명사절도 주격보어로 올 수 있다.
● to read에서 to는 명사를 수식하는 역할을 하며 'v할'로 해석한다.
● that interests them은 anything to read를 수식한다.

임의의 친절 행위가   /   다른 사람들이 똑같이 하도록 독려한다.

03 A random act of kindness / encourages others **to do the same**. [2015년 6월]
　　　 S 　　　　　　　　　 V 　　　 O 　　 C

● 목적격보어로 to-v가 쓰인 문장으로, 목적어(O)와 목적격보어(C)는 의미상으로 '주어-술어' 관계가 성립한다. 목적격보어로 v(원형부정사)가 오는 경우도 마찬가지이다. 목적격보어로 to-v를 취하는 동사와 v를 취하는 동사를 구분해서 알아두자.

to부정사를 취하는 동사	원형부정사를 취하는 동사
want, ask, expect, allow, encourage, cause, get, lead, order, tell, advise, help 등 (*help는 원형부정사도 가능)	사역동사 make, let, have 지각동사 see, watch, notice, observe, hear, feel 등

아침에, /   우리는 차 한 대가 주차된 것을 발견했다 /   우리 집 바로 바깥에.

04 In the morning, / we found a car **parked** / **right outside of our house**. [2015년 3월]
　　　　　　　　　　 S 　 V 　 O 　 　 　　 C

● p.p.(과거분사)가 목적격보어로 쓰인 문장. 목적격보어 자리에 p.p.가 오는 경우에도 목적어와 '주어-술어' 관계가 성립하는데, 이때는 수동 관계가 된다. 목적격보어 자리에 v-ing(현재분사)가 와서 능동 관계를 나타내기도 하는데, 이때는 to-v나 v에 비해 동작이나 사건이 진행 중인 것을 강조한다.

---

01 chew (음식을) 씹다: (무언가를 계속) 깨물다　　**02 complaint** 불만, 항의　　**03 random** 임의로 하는: 무작위의

EXERCISES

A 다음 각 문장에서 주어, 동사, 보어, 목적어(있는 경우)를 찾아 밑줄을 긋고, 각각 S, V, C, O로 표시하시오.

05 My boss seems to be in a bad mood this morning.

06 He let the homeless man stay in his house for free.

07 Avril Lavigne became a star at the age of 17.

08 The fire alarm made 68 people run out of the building.

09 In the picture, my cousin looks amazed to see bears in person.

10 We expect all the visitors to clean their site before leaving this park.

11 In class, you should keep your cell phone turned off.

12 The first question is whether parents are spending enough time with their children.

---

05 mood 기분   **06** homeless 집 없는, 노숙인의   for free 무료로, 공짜로   **08** fire alarm 화재경보기
09 amazed 놀란   in person 직접, 몸소

완료 시제 I - 현재완료

동사의 동작이나 상태가 일어난 때를 동사의 형태 변화로 나타내는 것을 시제라고 하는데, 영어에는 우리 말에는 없는 '완료 시제'라는 것이 있어 독해를 더욱 어렵게 만든다. 아래 예문을 통해 완료 시제 중 가장 많이 쓰이는 현재완료의 개념을 확실히 알아두자.

01

사진술은 항상 중요한 역할을 해왔다 /

Photography **has** *always* **played** an important part /

우리가 우주를 이해하는 데.

in our understanding of the universe. [2014년 6월]

- 현재완료는 과거의 일을 현재와 연관하여 현재 시점까지의 계속, 경험, 완료, 결과를 나타내며, 「have[has]+p.p.」 형태로 쓴다.
- 위 문장은 현재완료 중 '계속'을 나타내는 문장으로, '(과거부터 현재까지) 쭉 ~이다'라는 의미이다.
- always, for(~동안), since(~이래), how long 등의 부사가 '계속'을 나타내는 현재완료와 잘 쓰인다.

02

우리 할머니는 매우 건강하시다 / 그리고 지금까지 입원하신 적이 없다.

My grandmother is very healthy / and **has** *never* **been** in the hospital. [2011년 6월]

- 현재완료 중 '경험'을 나타내는 문장으로, '(지금까지) ~한 적이 있다'의 의미이다.
- ever, never, once, twice, many times, before, often, seldom, so far 등의 부사가 '경험'을 나타내는 현재완료와 잘 쓰인다.

03

한 디자인 회사가 새로운 방법을 막 도입했다 / 그곳의 직원들이 정시에 퇴근하는.

A design firm **has** *just* **introduced** a method / for its employees to go home on time.

[2015년 6월]

- 현재완료 중 '완료'를 나타내는 문장. '(지금) 막 ~했다'의 의미이다.
- just(방금, 막), already(이미, 벌써), now(지금), recently, lately(최근에), still(아직) 등의 부사가 '완료'를 나타내는 현재완료와 잘 쓰인다.

04

어떤 사람들은 그들의 집을 잃었다 (그래서 지금 집이 없다) / 자연재해 때문에.

Some people **have lost** their homes / due to natural disasters. [2015년 3월]

- 현재완료 중 '결과'를 나타내는 문장. '(과거에) ~했다 (그래서 지금 …이다)'의 의미이다.

---

01 photography 사진술: 사진 촬영   play an important part 중요한 역할을 하다   02 be in (the) hospital 입원 중이다
03 firm 회사: 단단한, 확고한   method 방법   04 due to A A 때문에   natural disaster 자연재해

EXERCISES

A 다음 각 문장에서 굵게 표시한 현재완료의 의미로 알맞은 것을 〈보기〉에서 골라 그 번호를 쓰시오.

> 〈보기〉 ① 계속: 지금까지 쭉 ~이다[하다]
> ② 경험: (지금까지) ~한 적이 있다
> ③ 완료: 막 ~했다[해놓았다]
> ④ 결과 ~했다 (그래서 지금 …이다)

05 One of my friends **has** recently **graduated** from college.

06 **Have** you ever **met** any TV star in person?

07 My music app **has disappeared** from my cell phone, so I can't listen to music.

*app 응용프로그램, 애플리케이션 (= application)

08 How long **have** you **had** the pain in your wrist?

09 I don't have fairy tale books any longer. Mom **has given** them to my cousin.

10 Dennis **has worked** as a pilot for 22 years.

11 These kids from Cuba **have** never **seen** snow before.

12 I **have** already **sent** you the photos by e-mail. Did you get them?

---

09 fairy tale book 동화책

완료시제 II - 과거완료

완료 시제에는 앞서 학습한 현재완료 외에 과거완료도 있다. 현재완료가 '과거~현재'를 연결하는 시제였다면, 과거완료는 '더 오래된 과거~과거'를 연결하는 시제라 할 수 있다. 다소 복잡해 보일 수 있지만, 앞서 학습한 현재완료의 개념을 충분히 이해하고 있다면 과거완료도 쉽게 해결할 수 있다.

경찰이 도착했을 때,　　//　　비행기의 절반 이상이　　/　　이미 바다에 빠져 있었다.

01 When the police arrived, // more than half of the plane / **had** already **sunk** into the

ocean. [2013년 6월]

- 과거완료는 과거 어느 때를 기준으로 그 이전부터 기준 시점까지의 계속, 경험, 완료, 결과를 나타내며, 「had+p.p.」로 쓴다.
- 위 문장은 과거완료 중 '완료' 문장. 기준 시점(경찰이 도착한 때) 이전에 바다에 빠진 비행기가 기준 시점에 어떻게 되었는지 나타내고 있다.

이슬람교도들이 법을 통과시켰다 [돼지고기 판매를 금지하는]　　//

02 The Muslims passed a law [forbidding the sale of pork] //

그들은 항상 돼지고기가 불결하다고 생각해왔기 때문에.

because they **had** always **considered** pork unclean. [2014년 9월]

- 과거 완료 중 '계속' 문장. 기준 시점(법을 통과시킨 때) 이전부터 쭉 돼지고기가 불결하다고 생각했음을 나타낸다.

남자아이들 몇 명이 작은 개울에서 놀고 있었다

03 Some boys were playing in the little stream

[비가 만든　　/　　길가에].

[that the rain **had made** / by the roadside]. [2012년 6월]

- 과거에 일어난 두 가지 일의 순서를 나타내기 위해 먼저 일어난 일을 과거완료형(had p.p.)으로 나타내는 경우가 있는데, 이를 '대과거'라 한다. '비가 개울을 만든 것이 먼저이기 때문에 had made가 쓰였다.

---

02 pass a law 법을 통과시키다　　**forbid** 금지하다　　**unclean** 더러운, 불결한　　**03 roadside** 길가, 노변

EXERCISES

A   다음 중 어법과 문맥상 적절한 것을 고르시오.

04   I [haven't eaten / hadn't eaten] anything since lunch. I'm so hungry.

05   We couldn't get a hotel room because we [had not booked / have not booked] in advance.

06   I [have done / had done] my vacation homework. I feel relieved now.

07   I [have lost / had lost] my key, so I can't open the door.

08   My family [had had / have had] that car for ten years before it broke down.

09   By the time I arrived at the train station, the train [have already left / had already left].

10   I [have never seen / had never seen] such a beautiful beach before I went to Jeju Island.

11   I [have watched / had watched] Harry Potter movies several times over the last few years.

12   When the couple got married, they [have known / had known] each other for 10 years.

---

05 book 예약하다   **in advance** 미리   **06 relieved** 안도하는, 다행으로 여기는   **08 break down** 고장 나다; 실패하다

Point 06 수동태

수동태라고 하면 단순히 「be+p.p.」만 떠올리기 쉽지만, 아래 예문들에서 볼 수 있듯이 형태가 단순하지 않은 수동태도 있다. 어떤 형태의 수동태든 바로 파악할 수 있어야 정확한 독해가 가능한 법. 다양한 형태의 수동태를 모아서 학습해두면 별 어려움 없이 해석해나갈 수 있다.

언어능력은 / 습득될 수 있다 / 오직 연습을 통해서만.

01 Language skills / **can be acquired** / only through practice. [2015년 6월]

- 「조동사+동사원형」의 수동태는 「조동사+be+p.p.」로 쓴다.

2004년에 올림픽이 그리스에서 다시 열렸을 때, / 모든 메달 수상자들은

02 When the Olympics returned to Greece in 2004, / every medal winner

올리브 화환을 받았다 / 그들의 메달과 함께.

was given an olive wreath / along with their medal. [2014년 6월]

- 「주어+동사+간접목적어+직접목적어」 구조의 문장을 수동태로 바꿀 때는 두 개의 목적어 중 하나를 주어로 쓴다. 위 문장은 간접목적어를 주어로 쓴 경우이다.
  (= ~ in 2004, an olive wreath was given to every medal winner along with ~.)

그 실험은 밝혀냈다 // 빛이 나뉠 수 있다는 것을 / 일곱 가지 각기 다른 색으로.

03 The experiment revealed // that light **could be broken down** / into seven individual

colors. [2014년 11월]

- 구동사 break down이 수동태로 쓰인 문장. 「동사+전치사」 혹은 「동사+부사+전치사」와 같은 구동사는 하나의 덩어리로 취급하여 수동태를 만든다.

용은 여러 마력이 있다고 알려져 있다.

04 Dragons **are known** *to have* many magical powers. [2011년 3월]

- 능동태 문장의 목적어가 that절인 경우 두 가지 형태의 수동태가 가능하다.
  People **know** that dragons have many magical powers.
  → It **is known** that dragons have many magical powers. (가주어 it 이용)
  → Dragons **are known to** have many magical powers. (that절의 주어가 문장의 주어)
  이처럼 that절을 목적어로 취할 수 있는 동사로는 say, think, believe, know, expect, suppose, consider, report 등이 있다.

---

01 acquire 습득하다, 얻다　**02** medal winner 메달 수상자　wreath 화환　along with ~와 함께, ~ 이외에
03 reveal 밝히다, 드러내다　break down ~을 나누다; ~을 고장 내다　individual 각각의; 개인의; 개인

EXERCISES

A 다음 밑줄 친 부분이 어법과 문맥상 맞으면 O표, 틀리면 X표하고 바르게 고치시오.

05 The company's productivity <u>will be improved</u> by introducing a new strategy.

06 Rose <u>is thought being</u> the fastest student in her school.

07 I <u>will be stopped</u> by your apartment to borrow some books.

08 The weather <u>is expected to be</u> fine on the day of my field trip.

09 My teacher said that some complicated questions <u>would include</u> in the final exam.

10 It <u>is said that</u> a picture is worth a thousand words.

11 Lights and computers <u>should turn off</u> when you aren't using them.

12 Elderly people in this town <u>are taken care of</u> by volunteer workers.

---

05 productivity 생산성 **strategy** 계획, 전략 **08 field trip** 현장학습, 소풍 **09 complicated** 복잡한

Point 07 조동사

조동사라고 하면 can, may, will, must, should 등의 기본적인 의미만 떠올리기 쉽지만, 아래 예문에서 볼 수 있듯 그 외에도 다양한 형태의 조동사가 있다. 조동사의 의미를 자칫 엉뚱하게 해석하면 문장 전체의 의미를 잘못 이해하기 쉽다. 하지만 한데 모아서 학습해두면 어렵지 않게 해결할 수 있다.

01
큰 소리가 몇몇 물고기들을 놀라게 했다.　　　　　　그 소리는 그들에게 도달했음이 틀림없다　　/

A loud noise frightened some fish. The sound **must have reached** them /

물을 통해서.

through the water. [2013년 6월]

- 「조동사+have p.p.」는 과거 사실에 대한 추측이나 유감을 나타낸다.
  could have p.p.: ~였을[했을] 수도 있다
  cannot have p.p.: ~였을[했을] 리가 없다
  may[might] have p.p.: 어쩌면 ~였을[했을]지도 모른다
  must have p.p.: ~였음[했음]이 틀림없다
  should have p.p.: ~했어야 한다(그런데 하지 않았다)

02
편지는 한때 흔한 방법이었다　　/　　사람들이 메시지를 보내는.

Letters **used to** be the usual way / for people to send messages. [2011년 3월]

- used to-v는 과거의 습관을 나타내는 조동사로 'v하곤 했다, v였다'의 의미이다. (과거에는 v였는데 지금은 아님)
- used to-v의 부정형: didn't use to-v
  e.g. I didn't use to ride a bike, but now it's my hobby.
  (나는 과거에는 자전거를 타지 않았지만, 지금은 나의 취미이다.)
- cf. be used to v-ing: v하는 데 익숙하다 / be used to-v: v하는 데 사용되다
  I'm used to working alone. (나는 혼자 일하는 데 익숙하다.)
  Salt is used to preserve food. (소금은 음식을 저장하는 데 사용된다.)

03
만약 문어가 갈색이나 보라색이면,　　// 문어가 화가 났다는 의미이다 //

If an octopus is brown or purple, // it means it's upset, //

따라서 그것으로부터 멀리 떨어져야 한다.

and you **had better** move away from it. [2011년 3월]

- had better는 '~해야 한다, ~하는 편이 낫다'는 뜻으로, should나 ought보다 훨씬 강한 권고를 나타낸다.
- had better의 부정형: had better not
  e.g. You had better not play mobile game while you're walking.
  (걸어 다니는 동안에는 모바일 게임을 하지 말아야 한다.)

---

01 frighten 놀라게 하다, 겁먹게 만들다

EXERCISES

정답 및 해설 **p.9**

A 다음 중 어법과 문맥상 적절한 것을 고르시오.

04 The pizza at Jason's restaurant was great. You [should / might] have been there.

05 He [must / cannot] have passed this way because there is no other road.

06 I [could / must] have made a fortune as a car salesman, but I became a novelist.

B 다음 밑줄 친 부분이 어법과 문맥상 맞으면 O표, 틀리면 X표하고 바르게 고치시오.

07 There <u>was used to be</u> a big tree next to this pond.

08 She looks very tired. She <u>must stay</u> late at the party last night.

09 Mr. Anderson is very busy. He <u>cannot speak</u> to you now.

10 My mom <u>used to keep</u> six cats before she got married.

11 He doesn't seem trustworthy. You <u>had not better</u> depend on him.

12 Matt <u>is used to speaking</u> in front of many people. He should be our presenter.

---

06 make a fortune 부자가 되다, 재산을 모으다   **salesman** 판매원   **novelist** 소설가   **11 trustworthy** 믿을 수 있는
12 presenter 발표자; 진행자, 사회자

Point 08 가정법

가정법은 '사실과 반대인 것' 혹은 '일어날 것 같지 않은 일'에 대한 가정·상상·소망을 나타낸다. 가정법이 특히 어렵게 느껴지는 이유는 시제의 사용이 일반 직설법과 다르기 때문이다. 가정법이 쓰인 문장을 자칫 잘못 해석하면 전혀 반대의 의미로 이해될 수 있기 때문에 특히 주의해야 한다. 아래 예문을 통해 가정법의 형태와 의미를 정확히 알아둔다면 큰 걸림돌이 되지 않을 것이다.

우리는 많은 것을 얻을 수 있을 텐데   //   만약 우리 모두가 다른 사람들을 받아들이고 수용한다면.

01 We **could achieve** a lot of things // if we all **embraced** and **accepted** others. [2011년 6월]

- 현재의 사실과 반대로 가정·상상·소망할 때, 혹은 실현 가능성이 매우 희박한 일을 가정·상상·소망할 때 가정법 과거로 표현한다.
- If+S′+동사의 과거형[were] ~, S+조동사 과거형+동사원형
  (지금) 만약 ~라면,   (지금) …할 텐데

만약 그가 건물 밖으로 나갈 것을 결정하지 않았다면,   //   많은 사람들이 다쳤을 것이다.

02 If he **hadn't decided** to get out of the building, // a lot of people **would have been injured**. [2010년 9월]

- 과거의 사실과 반대로 가정·상상·소망할 때, 혹은 과거에 실현 가능성이 매우 희박했다고 보는 일을 가정·상상·소망할 때 가정법 과거완료로 표현한다.
- If+S′+had p.p. ~, S+조동사 과거형+have p.p.
  (그때) 만약 ~했다면,   (그때) …했을 텐데

(~라면) 좋을 텐데 // 내가 현명한 충고를 받았더라면 /   [인생 경험이 더 많은] 사람들로부터   /

03 I *wish* // I **had received** wise advice / from those [with more life experience] /
(과거에 이룰 수 없었던 소망을 표현)

내가 가진 것(= 인생 경험)보다.

than I had. [2011년 11월]

- 「S+wish」 뒤에도 가정법이 사용되어 가정이나 소망을 나타낼 수 있다.
  S+wish+S′+**(조)동사의 과거형**: **현재**에 대한 소망
  S+wish+S′+**had p.p.**: **과거**에 대한 소망

---

01 embrace 받아들이다. 수용하다; 껴안다. 포옹하다   **02 injure** (특히 사고로) 상처를 입다. 다치다

EXERCISES

정답 및 해설 **p.10**

A 다음 밑줄 친 부분이 어법과 문맥상 맞으면 O표, 틀리면 X표하고 바르게 고치시오.

04 I would join your band if I <u>knew</u> how to play the guitar.

05 If there weren't so many bugs, it <u>will</u> be a perfect night.

06 If she <u>had had</u> strong motivation, she might have practiced harder.

07 If you <u>were</u> in Canada now, you could enjoy the most beautiful autumn leaves.

08 I would not have hired you if you <u>were</u> late for the interview.

09 If it <u>snowed</u> last night, we could have had a snowball fight.

10 I wish I <u>had</u> more time to spend here in Spain before I go back to Korea.

11 He wishes he <u>had traveled</u> overseas a lot when he was younger.

12 I wish it <u>had been</u> Saturday tomorrow.

---

06 motivation 동기: 자극, 유도   **07 autumn leaves** 단풍   **08 hire** (사람을) 고용하다; (단기간) 빌리다   **09 snowball fight** 눈싸움
11 overseas 해외, 외국

명사를 수식하는 어구

형용사가 명사를 수식할 때는 명사 바로 앞에 위치하는 것이 일반적이지만, 수식어구가 긴 경우에는 명사 뒤에 위치하기도 하며, 그 형태도 다양하다. 명사를 수식하는 어구의 범위를 제대로 파악해야 정확한 의미를 파악할 수 있다. 아래 예문을 통해 명사를 수식하는 다양한 형태의 어구를 알아두자.

우리는 큰 세상에서 살고 있다   [흥미롭고 다양한 사람들로 가득 찬].

01 We are living in *a big world* [**full of interesting and diverse people**]. [2015년 9월]

- 명사가 긴 어구의 수식을 받을 때는 수식어구가 명사 뒤에 위치하는데, 형용사구, 전명구(전치사+명사구), to-v, v-ing, p.p. 등이 명사를 뒤에서 수식할 수 있다.
- a big world가 형용사구(full ~ people)의 수식을 받고 있다. 형용사는 대개 명사 앞에 오지만 다른 어구를 동반하여 길어질 때는 명사 뒤에서 수식한다.

그의 연구는 [대기업에 관한]   /   수행되어왔다   /   보조금으로 [수많은 지급자로부터의].

02 *His studies* [**of big business**] / have been carried out / with *grants* [**from a number**

of sources]. [2015년 6월]

- His studies는 전명구 of big business의 수식을, grants는 전명구 from a number of sources의 수식을 받고 있다.
- 주어가 His studies로 복수이므로 복수 동사 have been carried out이 쓰였다.

히포크라테스는 첫 번째 사람이었다   [신체적 질병을 이해한]   [감정적 스트레스로 야기되는].

03 Hippocrates was *the first* [**to understand** *the physical illness* [**caused by emotional**

stress]]. [2013년 11월]

- the first가 to-v(to understand ~ stress)의 수식을 받고 있다. to-v가 명사를 뒤에서 수식할 때 'v할, v하는' 등으로 해석된다.
- the physical illness가 p.p.(caused by emotional stress)의 수식을 받고 있다. 타동사의 p.p.가 명사를 수식할 때는 '~되어진, ~된'으로 해석되고, 자동사의 p.p.가 명사를 수식할 때는 완료(v된)를 나타낸다.

아침을 거르면,   //   당신은 자동차와 같다   [연료 없이 달리려고 하는].

04 When you skip breakfast, // you are like *a car* [**trying to run without fuel**]. [2015년 3월]

- v-ing가 단독일 때는 명사 앞에서 수식하지만, 다른 어구를 동반할 때는 명사 뒤에서 수식한다. 'v하는, v하고 있는' 등으로 해석하며 능동·진행의 의미를 나타낸다.

---

01 diverse 다양한   **02** carry out 수행하다. 이행하다   grant (정부나 단체에서 주는) 보조금; 승인하다   **03** illness 질병   emotional 정서적인, 감정적인
04 fuel 연료; 연료를 공급하다

EXERCISES

정답 및 해설 p.11

A 다음 각 문장에서 밑줄 친 명사(구)를 수식하는 어구에 [ ] 표시하시오.

05 Did you hear the news about the earthquake in Thailand?

06 The police searched his house and found the jewels stolen from the department store.

07 This blog will give you useful information needed to prepare for the trip.

08 There was a very beautiful Catholic church to visit in Lisbon.

09 Before making a big decision, it's better to hear many opinions different from yours.

10 There are many countries without enough water for their populations.

11 Vegetables from a local farm are fresher and cheaper.

12 My old books covered with dust were in a big box.

---

05 earthquake 지진   08 Catholic church 성당   12 dust 먼지

부사적 역할을 하는 to부정사

부사는 문장 내에서 명사 외의 모든 것을 수식할 수 있는데, to부정사가 이런 부사적 역할을 하는 것을 쉽게 볼 수 있다. 쓰임이 다양하기 때문에, 각각의 의미를 제대로 알아두어야 정확한 해석이 가능하다.

01

어른들은 매우 다양한 전략을 사용한다 / 자신의 아이들을 지키기 위해서.

Adults use a wide variety of strategies / to protect their children. [2012년 9월]

- to-v가 부사적 역할을 할 때는 'v하기 위해서, v하도록'이라는 목적의 의미로 쓰이는 경우가 가장 흔하다.
- 목적의 의미로 쓰인 to-v는 그 뜻을 명확히 하거나 강조하기 위해서 to-v 앞에 in order나 so as를 덧붙이기도 한다.

02

그녀는 기뻤다 / 친구가 도착하는 것을 보아서 / 그리고 즉시 친구의 차에 탔다.

She was *happy* / to see her friend arrive / and got into her friend's car right away. [2015년 6월]
      감정   원인

- 감정을 나타내는 어구 다음에 to-v가 오면 주로 그 감정의 원인에 해당하며, 'v해서'로 해석한다.
- see의 목적어로 her friend가, 목적격보어로 원형부정사 arrive가 쓰였다.

03

영국 사람들은 여긴다 / 1300년대의 영국 문서가 / 매우 어렵다고 [이해하기에]

The English find / an English document of the year 1300 / *very difficult* [to understand]

// 특별한 교육을 받지 않는다면.

// unless they have special training. [2015년 3월]

- to-v가 형용사 뒤에서 그 형용사를 수식할 때는 'v하기에 ~하다'로 해석한다.
  easy, difficult, hard, tough, impossible, dangerous, safe, pleasant, interesting 등의 형용사가 자주 쓰인다.
- 「find+목적어(an English ~ 1300)+목적격보어(very ~ understand)」의 형태이다.

04

그는 약혼녀가 무척 보고 싶었다, // 하지만 그는 너무 가난해서 / 버스표를 살 수 없었다 /

He was eager to go see his fiancée, // but he was *too* poor / to buy a bus ticket /

그의 고향으로 가는.

to his hometown. [2015년 9월]

- to부정사는 too ~, ~ enough 등과 함께 쓰여 그 의미를 더욱 분명하게 해주기도 한다.
  too ~ to-v: 너무 ~해서 v할 수 없다, v하기에 너무 ~하다
  ~ enough to-v: v할 만큼 충분히 ~한

---

01 a wide variety of 매우 다양한   **strategy** 전략, 계획   **02** right away 즉시, 바로   **03** document 문서, 서류
04 fiancée 약혼녀 cf. fiancé 약혼남

EXERCISES

정답 및 해설 **p.12**

A 다음 밑줄 친 to부정사의 의미로 알맞은 것을 〈보기〉에서 골라 그 번호를 쓰시오.

〈보기〉
① 목적: v하기 위해   ② 감정의 원인: v해서, v하게 되어   ③ 형용사 수식: v하기에

05 You should work out much harder to build up muscles.

06 My mom was pleased to hear from her elementary school classmate.

07 To have a deep sleep, I do stretching every night before going to bed.

08 Tap water in this area is not safe to drink until it is treated properly.

09 Sandwiches are inexpensive and easy to prepare.

10 The actress was shocked to read an article about her favorite movie director's death.

B 다음 중 어법과 문맥상 알맞은 것을 고르시오.

11 Her Spanish is [good enough / too good] to understand this TV show.

12 The principal's speech was [boring enough / too boring] to stay awake.

---

05 build up ~을 더 높이다, 더 강하게 만들다   **08 tap water** 수돗물   **properly** 적절히, 제대로
09 inexpensive 비싸지 않은 (↔ expensive 비싼)

POINT 10 부사적 역할을 하는 to부정사   **33**

분사구문

분사구문은 분사(v-ing, p.p.)가 이끄는 어구가 문장을 수식하는 것을 말한다. 문장의 앞, 중간, 뒤 어디에나 나올 수 있고, 경우에 따라 형태도 달라지기 때문에 해석이 단순하지만은 않다. 분사구문이 쓰인 아래 예문들을 통해 쓰임을 정확히 알아두자.

코로와이 족은 여전히 자급자족할 수 있다 /

01 The Korowai tribe is still self-sufficient, /

그리고 거의 모든 것을 스스로 생산한다.

producing almost everything themselves. [2014년 11월]

(= The Korowai tribe is still self-sufficient *and* produces almost everything themselves.)

● 분사구문과 「S+V」는 대개 동시에 혹은 연속적으로 일어나는 일을 나타내며, 분사구문이 원인이나 조건을 나타내기도 한다. 분사구문과 「S+V」의 논리적 관계를 살펴 아래 의미 중 가장 자연스러운 것으로 해석하면 된다.
- ~할 때, ~하고 있는 동안에 (때)
- ~하면서 …하다 (동시동작)
- ~하고 나서 …하다 (연속동작)
- ~하므로, ~이므로 (원인)
- 만약 ~하면 (조건)

1967년에 출판되었고 / 그의 책은 그를 유명인사로 만들었다 /

02 **(Being) Published in 1967**, / his book made him a noted figure /

문학 세계에서.

in the literary world. [2014년 9월]

(= His book was published in 1967, *and* it made him ~.)

● 분사구문이 (being) p.p.의 형태이면, 문장 전체의 주어(S)가 그 동작을 받는 것을 의미하여, 'S가 v되다, v해진다'는 수동의 의미를 나타낸다.

열대 기후가 원산지이기 때문에, / 잎이 무성한 이 나무는 살 수 있다 / 더운 날씨에.

03 **Native to a tropical climate**, / this leafy tree can survive / in hot weather. [2014년 6월]

(= *Being* native to a tropical climate, ~.)
(= *Because[Since] it is* native to a tropical climate, ~.)

● 형용사나 명사로 시작되는 분사구문은 그 앞에 being 또는 having been이 생략된 형태이다.

---

01 self-sufficient 자급자족할 수 있는   **02** noted 유명한   figure 인물; 숫자, 수치   literary 문학의   **03** leafy 잎이 무성한

EXERCISES

정답 및 해설 **p.13**

A 밑줄 친 분사구문을 (부사)절로 바꿔 쓸 때, 문맥상 더 자연스러운 접속사를 고르시오.

04 <u>Arriving at the airport</u>, you should call your aunt. She will pick you up.

→ [When / Although] you arrive at the airport, you should ~.

05 <u>Being a high school student</u>, you can get the museum ticket for free.

→ [When / Because] you are a high school student, you can get ~.

06 <u>Taken in large number</u>, these pills may cause a headache.

→ [If / Because] they are taken in large number, these pills ~.

07 <u>Hearing the fire alarm</u>, she ran out of the theater as quickly as possible.

→ [If / When] she heard the fire alarm, she ran out of the theater ~.

08 They canceled their concert on the day of the concert, <u>making thousands of people angry</u>.

→ ~ on the day of the concert, [and / because] they made thousands of people angry.

B 다음 밑줄 친 부분이 어법과 문맥상 맞으면 O표, 틀리면 X표하고 바르게 고치시오.

09 <u>Walk</u> around the lake, I ran into my uncle.

10 <u>Talking</u> to his friend on the phone, he is baking cookies.

11 <u>Smart and wise</u>, she is one of the most popular people in this office.

12 <u>Inviting</u> to Emily's wedding, I can't go to Gyeongju with you this Saturday.

---

05 for free 무료로, 공짜로   **07 fire alarm** 화재 경보   **09 run into** ~을 우연히 만나다

부사절

부사절은 주어와 동사를 갖춘 절이 문장의 앞이나 뒤에서 부사적 역할을 하는 것을 말한다. 절과 절이 연결되기 때문에 부사절 앞에는 적절한 접속사가 붙는데, 접속사의 종류도 많고 접속사마다 뜻이 다양한 경우도 있기 때문에 잘 알아두어야 한다. 비슷한 의미의 접속사끼리 함께 학습해두면 어렵지 않게 해석할 수 있다.

네 살이 되었을 때, // 아이들은 고려하기 시작한다 /

01 When children turn four, // they start to consider /

다른 사람들이 무엇을 생각하고 있는지를.

what other people are thinking. [2015년 9월]

- 시간을 나타내는 접속사에는 when(~할 때), before(~하기 전에), after(~한 후에), until(~할 때까지), as(~하면서), since(~한 이래로), while(~하는 동안) 등이 있다.
- 의문사 what이 이끄는 절이 consider의 목적어로 쓰였다.

그는 신이 났다 // 그가 그 스피커를 샀었기 때문에 / 반 가격에.

02 He was excited // because he had bought the speakers / at half price. [2013년 9월]

- 이유와 원인을 나타내는 접속사에는 because, since, as, now that 등이 있으며, 모두 '~이기 때문에'로 해석한다.
- '신이 난' 때보다 '스피커를 산' 때가 더 과거이기 때문에 had p.p.가 쓰였다.

가정에 폭력이 있다면, // 아이들은 생각한다 / 폭력적인 행동이 용인된다고.

03 If there is violence in the home, // children think / that violent behavior is

acceptable. [2011년 6월]

- 조건을 나타내는 접속사에는 if(~라면), unless(만약 ~이 아니라면), in case(~인 경우에는), as[so] long as(~하는 한, ~하기만 하면) 등이 있다.

비록 비가 오고 있었고 / 방은 비가 새고 있었지만, // 75명의 사람들이 그녀를 기다리고 있었다.

04 Although it was raining / and the room was leaking, // 75 people were waiting

for her. [2014년 9월]

- 양보를 나타내는 접속사에는 though, even though, although, even if 등이 있으며, '~에도 불구하고, 비록 ~일지라도'로 해석한다. 대조를 나타내는 접속사에는 while과 whereas가 있으며 '~인 반면에'로 해석한다.

---

03 violence 폭력, 폭행 ※ violent 폭력적인, 난폭한   acceptable (사회적으로) 용인되는, 받아들여지는   **04** leak (액체나 기체가) 새다

EXERCISES

정답 및 해설 **p.14**

A 다음 중 어법과 문맥상 적절한 것을 고르시오.

05   You can get 10% off the price [if / although] you buy this coat today.

06   The truck driver ran away [after / while] he hit a person on the street.

07   [Until / While] I like various kinds of sports, my brother doesn't.

08   They witnessed a big fire [as / though] they crossed the bridge.

09   [Now that / Until] the project is successfully finished, we can take some days off.

10   I don't mind trying any activity [even if / as long as] it's safe and fun.

11   [Since / Unless] you have any further questions, I am going to leave now.

12   [Before / Since] you need to gain some weight, try to have more food.

---

08 witness (사건·사고를) 목격하다; 목격자   **09 take a day off** 휴가를 내다

관계사절

관계사가 이끄는 절을 관계사절이라고 한다. 관계사절에는 관계대명사와 관계부사가 있는데, 각각의 종류
와 쓰임을 제대로 알아두어야 문장 내에서 정확히 파악할 수 있다. 아래 예문들을 통해 관계사절에 대해
확실히 알아두자.

01 눈을 깜빡이는 것은 자기도 모르게 하는 행동이다   [눈을 보호하는].
Blinking is *an involuntary action* [**that protects the eye**]. [2013년 9월]

● 관계대명사 who, which, that이 이끄는 관계대명사절은 그 앞에 오는 명사를 수식하는 역할을 한다.

02 이 단체는 의료 서비스를 제공한다   /   외지고 고립된 지역에   [자원과 교육이 제한된].
This organization brings health care / to *remote, isolated areas* [**where resources
and training are limited**]. [2015년 6월]

● 관계부사 when, where, why가 이끄는 관계부사절은 그 앞에 오는 명사(선행사)를 수식하는 역할을 하는데, 관계부사
대신 that을 쓰기도 한다. 관계부사 how는 선행사가 없고, the way (that)이나 the way in which로 대신할 수 있다.

03 초기 북미 원주민들은 만들어야 했다   / 모든 것을   [그들이 필요로 했던].
Early native Americans had to make / *everything* [(that) **they needed**]. [2014년 3월]

● 관계대명사 who(m), which, that이 관계대명사절 내에서 목적어 역할을 할 때(목적격 관계대명사)는 관계대명사를 생략
하기도 한다. 따라서 명사나 대명사 다음에 「S+V」의 형태가 이어지면 그 사이에 있던 관계사가 생략되었을 가능성이 크다.

04 그 작은 상자에는 건전지 한 팩이 있었는데,   /   그것은 선물이 아니었다   [내가 바라던].
The small box had *a pack of batteries*, / **which was not *a gift*** [(that) **I wished for**].
[2015년 9월]

● 관계대명사 which, who, 그리고 관계부사 where, when은 선행사를 수식하는 역할 외에, 선행사에 대한 보충 설명을
하기도 한다. 이 경우 관계사 앞에 콤마(,)를 표시하며, 문맥에 따라 여러 접속사의 의미를 가질 수 있다. 이때 which는 (대)
명사뿐만 아니라 앞에 나온 어구나 절을 선행사로 취할 수 있다.

---

01 blink 눈을 깜빡이다   involuntary 자기도 모르게 하는   02 health care 의료 서비스   remote 외진, 먼; 원격의   isolated 고립된, 외딴

EXERCISES

정답 및 해설 **p.15**

A 다음 각 문장에서 선행사에는 밑줄을 긋고, 관계사절은 [ ]로 표시하시오.

05 I can't find the picture of people who attended the contest last week.

06 Do you want to eat some carrot cake which I made yesterday?

07 This park is the place where I used to come when I was in high school.

08 Her father told her the reason why he couldn't wait for her.

09 I still remember the day when you sang this song for me.

B 다음 각 문장에서 굵게 표시한 관계사절이 보충 설명하는 선행사에 밑줄을 그으시오.

10 This plane is heading to Helsinki, **where you may see the Northern Lights with luck**.

11 I have just met Jennifer Lawrence, **who is a famous Hollywood actress**.

12 My brother lost his job two months ago, **which made my mom depressed**.

---

07 used to-v v하곤 했다   **10 the Northern Lights** 북극광 (북극 지방에서 볼 수 있는 발광 현상으로 오로라라고도 불림)   **with luck** 운이 좋으면
12 depressed 우울한

Point 14 비교구문

두 대상을 비교하여 성질이나 상태의 차이를 표현하는 것을 비교구문이라고 하는데, 비교하는 대상을 제대로 파악하지 못하거나 그 의미를 잘못 해석하면 전혀 엉뚱하게 이해할 수도 있으므로 주의해야 한다. 아래 예문을 통해 그 쓰임과 의미를 정확히 알아두자.

01
두 번째 연구는 활발하게 진행되어 왔다 / 첫 번째 (연구)만큼, /
The second study has been conducted **as** *actively* / **as** the first, /
　　　A　　　　　　　　　　　　　　　　　　　　　　　　B

그리고 똑같이 설득력 있다.
and is equally convincing. [2014년 11월]

● 두 대상을 비교하여 정도의 차이가 없으면 「A as ~ as B (A는 B만큼 ~하다)」로 표현하고, 차이가 있을 때는 「A not as[so] ~ as B (A는 B만큼 ~하지는 않다, A 〈 B)」로 표현한다.
● The second study와 the first (study)를 비교하고 있다.

02
몇 블록을 걷는 것이 종종 더 수월하고 저렴하다 / 택시나 지하철을 기다리는 것보다.
Walking a few blocks is often **easier and cheaper** / **than** waiting for a taxi or subway. [2015년 6월]
　　　A　　　　　　　　　　　　　　　　　　　　　　　　　　　　　B

● 두 대상을 비교하여 정도의 차이가 날 때 「비교급+than ~ (~보다 더 …한)」으로 표현한다.
● Walking a few blocks와 waiting for a taxi or subway를 비교하고 있다.

03
스웨덴의 성인 남성 실업률이 / 세 배 더 높았다 /
The male adult unemployment rate in Sweden / was **three times higher** /
　　　　　　　A

아이슬란드의 그것(= 성인 남성 실업률)보다.
than that in Iceland. [2014년 6월]
　　　B

(= The male adult unemployment rate in Sweden was **three times as high as** that in Iceland.)

● [three times, four times …]+비교급+than: ~보다 [세 배, 네 배 …] …한
　= [three times, four times …]+as … as: ~보다 [세 배, 네 배 …] …한
　(half(절반)와 twice(두 배)는 「half[twice]+as … as」 형태로만 쓰이고, 「비교급+than」으로는 쓰이지 않는다.)
● that = the male adult unemployment rate

04
수많은 언론 보도가 주장한다 // 아침이 가장 중요하다고 /
Lots of media reports claim // that breakfast is **the most important** /

하루의 세 끼 중에서.
out of the three meals of the day. [2013년 9월]

● 셋 이상을 비교하여 하나가 다른 것들보다 정도가 가장 심하다는 것을 나타낼 때 최상급으로 표현한다. 「the+최상급」 다음에는 주로 「of+복수명사」 또는 「in+단수명사」가 온다.

---

01 conduct 수행하다, 이행하다　actively 활발하게, 적극적으로　equally 동일하게　convincing 설득력 있는　　04 claim 주장하다

EXERCISES

정답 및 해설 p.16

A 다음 각 문장에서 서로 비교하고 있는 두 대상에 밑줄을 그으시오.

05 Their second album sold about three times more than their first one.

06 Swimming in the pool of this resort is more exciting than swimming in the sea.

07 After this TV show, Laos became as popular as Vietnam as a travel destination.

08 In many countries of Europe, mineral water is not as cheap as beer.

09 The number of Internet users in 2010 was five times as large as that of 2000.

B 다음 각 문장에서 밑줄 친 부분이 어법상 맞으면 O표, 어색하면 X표하고 바르게 고치시오.

10 The right lung of a human is <u>larger than</u> the left one.

11 Their products and services are <u>not so attractive</u> as ours.

12 New York is the <u>more expensive</u> city to live in the world.

---

07 travel destination 관광지   **08** mineral water 생수

POINT 14 비교구문   **41**

Point 15

특수구문 I – 도치 / 강조

영문이 보통 주어-동사-목적어[보어] 순으로 나온다고 생각하는 것이 일반적이지만, 내용을 더 효과적으로 전달하거나 특정 어구를 강조하기 위해 어구의 위치를 바꾸는 경우가 있다. 어구의 위치가 달라지면 주어, 동사가 바로 파악되지 않아 독해가 어렵게 느껴질 수 있다. 아래 예문을 통해 이처럼 어구의 위치가 달라지는 경우를 알아두어 문제없이 독해할 수 있도록 하자.

오직 상상해봄으로써 / 그의 상황에서 어떻게 느낄지를 /
01 Only by imagining / what you would feel in his situation, /
　　　　　　　　　　　　　　부정어(only) 포함 어구

당신은 이해할 수 있다 / 그가 어떻게 느끼는지를.
can you understand / how he feels. [2013년 11월]
조동사 S　　　V

● 특정 어구가 '강조' 등의 이유로 문장 앞으로 나갈 경우, 문장의 기본 어순인 「S+V」를 「V+S」로 바꾸는 것을 '도치'라고 한다. 부정어를 포함한 어구(never, little, only, no sooner … than ~, rarely, seldom, hardly, scarcely, under no circumstances)를 강조하여 문장 앞에 둘 경우 반드시 도치가 일어나는데, 동사가 be동사인 경우 「be동사+S」, 조동사+본동사인 경우 「조동사+S+본동사」, 일반동사인 경우 「do/does/did+S+본동사」가 된다.

보츠와나의 북서부에는 오카방고 강이 있는데, // 이것은 ~라고 불려왔다 /
02 In the northwest of Botswana is *the Okavango river*, // which has been called /
　　장소를 나타내는 어구　　　　　V　　　　S

"바다를 결코 만나지 못하는 강"이라고.
"the river that never finds the sea." [2013년 6월]

● 장소나 방향을 나타내는 부사구가 문장 맨 앞에 오면 도치가 일어나는 경우가 많다. 단, 이때 일반동사는 do조동사가 사용되지 않고 동사가 그대로 도치된다.
● which가 이끄는 관계사절이 the Okavango river를 보충 설명하고 있으며, that이 이끄는 관계사절이 the river를 수식하고 있다.

바로 관용이다 // 모든 다른 사람들의 다양성을 보호하는 것은.
03 It is *tolerance* // that protects the diversity of all the different people. [2015년 9월]
　　　주어 강조

● 문장에서 한 부분을 강조하고자 할 때 「It is[was] ~ that …」 형태를 사용한다. '~' 자리에 강조할 어구가 오며, 동사를 제외한 주어, 목적어, 부사구[절]가 올 수 있으며, 강조하는 어구가 사람이면 who(m), 사물이면 which를 쓸 수 있다.
● 「It is ~ that」강조구문에서는 it is와 that을 생략해도 문장이 성립한다.
(← Tolerance protects the diversity of all the different people.)

---

02 northwest 북서부 (지역)　　03 tolerance 관용, 아량; 내성, 저항력　　diversity 다양성, 포괄성

EXERCISES

정답 및 해설 p.17

A 다음 각 문장의 주어(부)를 찾아 밑줄을 그으시오.

04 In front of the big old church is a small second-hand bookstore.

05 Only after reading the letter several times did he understand why she left him.

06 Gone are the days when you needed an operator to place a phone call.

07 Never will I make the same mistake again.

08 Right next to the new building is a famous cafe that sells delicious cookies.

09 Hardly do I remember the day I graduated from high school.

B 다음 각 문장에서 강조되는 대상을 찾아 밑줄을 그으시오.

10 It is for five years that I have been working to finish this project.

11 It is the owner of this restaurant who used to teach English to me several years ago.

12 It is because you are short of nutrients that your fingernails are easily broken.

---

04 second-hand 중고의　　06 operator 전화 교환원; 기계를 조작하는 사람 ※ operate (기계 등을) 조작하다, 작동시키다; 수술하다
12 short of ~이 부족한　nutrient 영양분

특수구문 Ⅱ - 삽입 / 동격

앞서 학습한 특수구문 외에, 문장 내에서 설명을 덧붙이거나 의미를 보충하기 위해 어구나 절을 삽입하는 구문도 있다. 문장이 길어지게 만들기 때문에 복잡해 보일 수 있으나, 보충 설명하는 어구이기 때문에 제대로 파악하기만 한다면 독해가 오히려 간결해질 수 있다. 아래 예문을 통해 어떤 경우가 있는지 살펴보도록 하자.

01
인간은, / (다른 대부분의 동물들처럼), / 훨씬 더 좋아한다 /
Humans, / (**like most animals**), / have a strong preference /
즉각적인 보상을 / 지연된 보상보다.
for immediate reward / over delayed reward. [2013년 9월]

- 설명을 덧붙이거나 의미를 보충하기 위해 어구나 절을 삽입한 문장을 삽입구문이라고 한다. 삽입어구 앞뒤로 대개 대시(—)나 콤마(,)가 오며, 삽입어구를 ( )로 묶어보면 문장의 구조를 더 쉽게 파악할 수 있다.

02
대부분의 미국 가정은, / (보기에), / 자신들의 집을 음악으로 채우기를 원한다.
Most American families, / (**it seems**), / want to fill their homes with music. [2012년 11월]

- 「주어+동사」의 형태로 자주 삽입되는 어구로는 it seems, I'm sure, I think[believe, suppose], I'm afraid, you know 등이 있다.

03
식물들은 산소를 만든다 / 즉 기체를 [동물들이 필요로 하는], / 그리고 동물들은 이산화탄소를 내보낸다 /
Plants make *oxygen*, / *a gas* [**that animals need**], / and animals give off
즉 기체를 [식물들이 필요로 하는].
carbon dioxide, / *a gas* [**that plants need**]. [2013년 3월]

- 명사나 대명사를 달리 말하거나 그 의미를 보충하기 위해 그 뒤에 명사구나 명사절이 덧붙은 문장을 동격구문이라고 한다. 대부분 그 명사와 설명 사이에 콤마(,), of, or, that 등이 온다.

04
한 가지 중요한 이유는 [패스트푸드 체인점의 재정적 성공의] /
One important reason [for the financial success of fast-food chains] /
그들의 인건비가 낮다는 사실이었다.
has been *the fact* **that their labor costs are low**. [2011년 6월]

- the fact와 that이 이끄는 명사절이 동격을 이루고 있다. 이처럼 동격절을 이끄는 명사로는 fact, news, belief, idea, theory(이론), thought, doubt(의혹), question, hope, possibility(가능성), opinion 등이 있다.

---

01 have a preference for A over B B보다 A를 더 좋아하다   immediate 즉각적인, 즉시의   reward 보상; 보상금   delay 지연시키다, 미루다
03 give off 내보내다, 방출하다   04 financial 금전적인, 재정적인   labor 노동, 근로

EXERCISES

A 다음 각 문장에서 삽입된 어구를 찾아 ( ) 표시하시오.

05 What she wanted to create, in essence, was an environment where students can exchange their opinions freely.

06 The job interview lasted, to be exact, for 107 minutes.

07 I had an audition for *King Lear*, which more than 80 people attended, last weekend.

08 My little brother — playing a computer game in his room — is not interested in studying.

B 다음 각 문장에서 서로 동격을 이루는 어구를 찾아 각각 밑줄을 그으시오.

09 The news that someone was making fake eggs and selling them was shocking.

10 The Vatican, the smallest country in the world, is located in Rome, Italy.

11 They are trying to help people recover from depression, a mental disorder.

12 Researchers have explored the possibility that dolphins are able to be trained to communicate like humans.

---

05 in essence 본질적으로   06 job interview 면접   to be exact 정확히 말하자면   07 audition (가수 · 배우 등의) 오디션
09 fake 가짜의; 모조의   11 depression 우울증   mental disorder 정신질환

고교영어 절대평가

PLAN A
어법

Doing the right things right!

절대평가가 처음인 나를 위한
수능 어법 Point 10

미리 만나보는 수능문제,
미니 모의고사

How to Study

"빈출 어법에 주목하라"

① 기출 어법 포인트부터 익혀라.

무엇보다 중요한 것은 어법 포인트가 반복 등장한다는 것이다. 즉, 다양하고 세세한 어법 사항이 골고루 돌아가며 출제되는 것이 아니므로 빈출 어법 포인트를 먼저 익혀 다양한 문장에 적용시키는 훈련을 해나가는 것이 좋다. 내신에 출제되는 어법 포인트도 기출 어법 포인트가 빠짐없이 그대로 반영된다. 절대평가 시대에 세세한 어법에 지나친 시간 투자는 금물이다.

② 네모어법부터 학습하라.

어법 출제 포인트는 네모어법이나 밑줄어법이 대동소이하다. 그런데 네모어법은 두 개의 선택지 중에서 정답을 고르는 것으로서 선택지를 보면 출제 포인트를 좀 더 쉽게 알 수 있으므로 해결 실마리 또한 쉽게 찾을 수 있다. 네모어법 문제에 먼저 익숙해지면, 상대적으로 출제 포인트를 알기 어려운 밑줄어법도 그리 어렵지 않게 풀 수 있게 된다.

③ 조급해하지 마라.

어법은 대개 3점짜리 문항으로서 절대평가 시대의 수능에서도 비교적 고난도에 속하리라 예상된다. 그러므로 이미 학습한 어법 포인트에 해당하는 문제라 할지라도 막히는 것이 있을 수 있다. 내신에서도 녹록지 않은 문제를 만날 가능성이 있다. 이런 문제는 어법 지식 외에 복잡한 구문 해독 능력을 비롯하여 주변 문장에 대한 정확한 독해력까지 동원되어야 하는 경우에 해당한다. 즉, 어법 지식의 문제가 아니라 다른 지식이 아직 충분히 습득되지 못했기 때문일 가능성이 큰 것이다. 이는 영어 학습이 전체적으로 진전됨에 따라 자연히 해결되는 부분이 적지 않을 것이므로 조급해하지 말고 서서히 정답률을 끌어올리겠다는 마음가짐이 중요하다고 할 수 있겠다.

How to Use This Book

빈출 어법 핵심포인트 10

20년간의 수능 분석을 바탕으로 수능이 좋아하는 빈출 어법 유형을 분석하고, 어떤 문제에서도 흔들리지 않을 어법의 핵심을 10개의 포인트로 담았다.

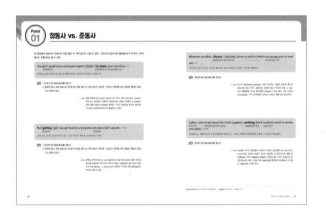

1:1 대응의 어법 전략

주요 어법을 포함한 기출문제를 뽑아 포인트별 4문제씩 배치하였다. 해당 문제에 대응하는 전략 해설을 통해 어법 문제를 해결하는 방법을 직관적으로 이해할 수 있다.

미니 모의고사

학습한 전략을 직접 대응시켜볼 수 있는 미니 모의고사로 절대평가 수능 영어 Warm up!

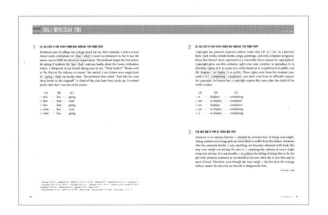

절대평가 수능 영어를 위한 로드맵

아는 것에만 그치면 안 되는 것이 공부! 앞으로의 영어 공부를 가장 효율적으로 할 수 있는 학습계획과 방향을 설정하였다.

정동사 vs. 준동사

한 문장에서 접속사나 관계사의 연결 없이 두 개의 동사가 쓰일 수 없다. 그러므로 문장의 동사(술어동사)가 있다면 나머지 동사는 준동사라고 볼 수 있다.

You don't need to be a computer expert creates / **to create** your own blog. [모의]
　　문장의 동사(V)　　　　　　　　　　　　　　　　　　문장의 동사가 이미 있으므로 준동사 자리

당신은 당신의 블로그를 만들기 위해 컴퓨터 전문가가 될 필요는 없습니다.

Key　1. 문장의 동사(술어동사)를 찾는다.
　　　　2. 문장의 동사 외에 접속사나 관계사의 연결 없이 또 다른 동사가 있다면 그 동사는 문맥에 따라 알맞은 형태의 준동사가 되어야 한다.

◆ 해설　앞에 문장의 동사 don't need가 이미 있고, 네모 안의 동사 create가 접속사나 관계사로 연결되지 않았으므로 준동사 형태인 to create가 와야 적절. 이때 to create는 문맥상 '~하기 위해'라는 뜻으로 '목적'을 나타내는 to부정사의 부사적 용법으로 쓰였다.

Not **getting** / get enough food for a long time can slow a kid's growth. [모의응용]
　　文장의 주어　　　　　　　　　　　　　　　　　　문장의 동사

오랜 기간 음식을 충분히 먹지 않는 것은 아이의 성장을 더디게 할 수 있다.

Key　1. 문장의 동사(술어동사)를 찾는다.
　　　　2. 문장의 동사 외에 접속사나 관계사의 연결 없이 또 다른 동사가 있다면 그 동사는 문맥에 따라 알맞은 형태의 준동사가 되어야 한다.

◆ 해설　문맥상 문장의 동사는 can slow이므로 네모 안에 들어갈 말은 문장의 동사에 호응하는 주어 자리. 따라서 준동사 getting이 와야 한다. 동명사구 Not getting ~ a long time이 문장의 주어이며 동사원형(get)은 주어로 쓰일 수 없다.

Wherever possible, **choose** / choosing *books or articles* [which encourage you to read

명령문을 이끄는 문장의 동사 자리   관계사절 내 동사 자리

on]. [모의]

가능한 한 어디서든지, 당신이 계속해서 읽도록 해주는 책이나 기사를 선택하라.

Key 문장의 동사(술어동사)를 찾는다.

◆ 해설 부사구 Wherever possible 뒤에 이어지는 주절에 문장의 동사가 없으므로 동사 자리. 준동사는 문장의 동사 자리에 쓰일 수 없으므로 명령문을 이끄는 동사원형 choose가 와야 한다. 뒤에 나오는 encourage는 주격 관계대명사 which가 이끄는 절에 쓰인 동사이다.

Galileo, (who heard about the Dutch spyglass), **realizing** that it could be useful to armies

문장의 주어   관계사절 내 동사 (관계사절 삽입)   → realized(문장의 동사)   that절 내 동사

and sailors. [모의응용]

갈릴레오는, 네덜란드의 소형 망원경에 대해 듣고, 그것이 군대와 선원들에게 유용할 수 있음을 깨달았다.

Key 문장의 동사(술어동사)를 찾는다.

◆ 해설 heard는 주격 관계대명사 who가 이끄는 삽입절에 쓰인 동사이고, could be는 접속사 that이 이끄는 명사절 내 동사이므로 밑줄 친 realizing이 주어 Galileo와 호응하는 문장의 동사 자리. 준동사는 문장의 동사로 쓰일 수 없으므로 realizing을 문맥에 맞게 동사의 과거형인 realized로 고쳐야 한다.

encourage A to-v A가 v하도록 격려[장려]하다   spyglass 소형 망원경   army 군대

EXERCISES

다음 중 어법과 문맥상 적절한 것을 고르시오.

01 Keep / Keeping the lens covered when not in use is recommended. [모의응용]

02 The customer who bought the jeans on Tuesday demanded / demanding a refund. [어법끝 Start]

03 The sound of the water runs / running under the bridge always *grabs* my attention. [모의응용]

04 You should accept new challenges make / to make progress. [문법의 골든룰 101]

05 If you want to develop a rich vocabulary, read / reading various magazines or newspapers. [문법의 골든룰 101]

06 This survey shows that old people love / loving to live in rural areas. [첫단추 문법어법편]

A **demand** 요구하다   **refund** 환불(하다)   **grab A's attention** A의 주의를 끌다, 시선을 사로잡다   **make progress** 진전을 이루다
rich 풍부한; 부유한   **rural** 시골의, 지방의

52

07 He closed his eyes for meditation, taking / took a deep breath through his nose. [문법의 골든룰 101]

08 Create / Creating the electrical energy also creates environmental problems.
[모의]

B 다음 밑줄 친 부분이 어법과 문맥상 맞으면 O, 틀리면 X로 표시하고 바르게 고치시오.

01 Some people who are sensitive to caffeine <u>experiencing</u> increased heart rate.
[문법의 골든룰 101]

02 We are saving money <u>purchase</u> a house. Our dream is to have our own home.
[어법끝 Start]

03 When you trust your instincts, opportunities <u>showing</u> up from unexpected places. [문법의 골든룰 101]

04 Luckily for us, my camping-crazy brother has no plans <u>to go</u> camping this weekend, so we can borrow his tent. [어법끝 Start]

---

meditation 명상, 묵상   electrical 전기의   environmental 환경의   **B** sensitive 민감한   heart rate 심박동수   purchase 구매하다
instinct 직감; 본능

병렬구조

네모나 밑줄 앞에 and, but, or 등과 같은 등위접속사가 있다면 그 접속사 앞의 어떤 어구와 연결된 것인지 찾는다.
등위접속사로 연결되는 어구나 절은 서로 문법적 성격이 같아야 한다.

Have you ever **taken** a long trip **and** not remembering / **remembered** *a town* [you
└─ 현재완료: have p.p. ─┘   (have) p.p.

drove through]? [모의]

당신은 지금껏 긴 여행을 하면서 차를 타고 지나온 마을이 기억나지 않았던 적이 있습니까?

Key 문맥상 접속사 and로 연결되는 어구가 무엇인지 확인한다.

◆ 해설 두 개의 동사구가 접속사 and로 연결된 병렬구조. 현재완료 Have taken과 대등한 형태가 되어야 하므로, 반복되는 조동사 have가 생략된 형태인 remembered가 와야 한다. a town 뒤에는 목적격 관계대명사 that[which]이 생략되었다.

Flowers **are** often **bought** on birthdays **and** give / **given** to parents on Parents' Day by
└─ 수동태: be p.p. ─┘   (be) p.p.

children. [모의응용]

꽃은 종종 생일에 구매되고 아이들에 의해 어버이날에 부모들에게 주어진다.

Key 문맥상 접속사 and로 연결되는 어구가 무엇인지 확인한다.

◆ 해설 두 개의 동사구가 접속사 and로 연결된 병렬구조. 문맥상 수동태 are bought와 대등하게 연결된 어구가 와야 하므로 반복되는 be동사가 생략된 형태인 given이 와야 한다.

---

drive through 차를 타고 지나가다

Right after **finishing** his program **and received** his degree, Martin moved to another city.

v-ing   → receiving   [모의응용]

자신의 학업 과정을 마치고 학위를 취득한 후, 마틴은 다른 도시로 이사했다.

Key 문맥상 접속사 and로 연결되는 어구가 무엇인지 확인한다.

◆ **해설** 전치사 after의 목적어로 쓰인 두 개의 동명사구가 접속사 and로 연결된 병렬구조. 따라서 received를 동명사 finishing과 대등한 형태인 receiving으로 고쳐야 적절하다.

When Isaac was 14 years old, his mother wished him **to leave** school **and assisted** her in managing the farm. [모의]

to-v   → (to) assist

이삭이 14살이었을 때, 그의 어머니는 그가 학교를 떠나서 그녀를 도와 농장을 경영하기를 바랐다.

Key 1. 문맥상 접속사 and로 연결되는 어구가 무엇인지 확인한다.
2. 앞에 시제나 수가 같게 쓰인 동사(wished)가 있다고 해서 무조건 그것과 형태를 일치시키지 않도록 주의한다.

◆ **해설** 「wish O to-v: O가 v하기를 바라다」 구조에서, 목적격보어로 쓰인 두 개의 to부정사구가 접속사 and로 연결된 병렬구조. 따라서 assisted를 to leave와 대등한 형태인 to assist로 고쳐야 적절하다. to부정사가 등위접속사로 연결될 때는 뒤에 나오는 to부정사의 to를 생략할 수 있다.

degree 학위; 정도   assist 돕다

EXERCISES

A 다음 중 어법과 문맥상 적절한 것을 고르시오.

01 When you feel nervous, take a deep breath or listen / to listen to some calming music. [모의응용]

02 She decided to follow the order but not giving up / to give up her dream.

[어법끝 Start]

03 I've dreamed about buying an old sailboat and sailing / to sail around the world. [어법끝 Start]

04 Reading in poor light makes your eyes tired and gives / gave you a headache.

[문법의 골든룰 101]

05 The city needs to train more police officers or building / build safer housing to solve the problem. [어법끝 Start]

06 By getting some ideas from friends and adding / to add your own ideas to theirs, you can create your own style. [어법끝 Start]

A calming 진정[안정]시키는   order 명령, 지시; 순서   sailboat 범선, 돛단배 *cf.* sail 항해하다   housing 주택

B 다음 밑줄 친 부분이 어법과 문맥상 맞으면 O, 틀리면 X로 표시하고 바르게 고치시오.

01 You can share your story freely or <u>keep</u> it private on your blog. [문법의 골든룰 101]

02 Barry found many people lying in the deep snow and <u>to save</u> their lives. [모의]

03 I just want to read some novels, take a walk, or <u>doing</u> anything that I want.

[어법끝 Start]

04 Challenges give you a lot of energy and <u>making</u> your life meaningful. [문법의 골든룰 101]

05 Cartoons are drawings that tell stories or <u>give</u> messages. [모의]

06 Today, people work longer, go to meetings at night, eat dinner late, watch television, or <u>going</u> out late. [모의응용]

B private 비공개의; 사적인   meaningful 의미 있는, 중요한

Point 03 능동의 v-ing vs. 수동의 p.p.

01 명사를 수식하는 분사의 능동 vs. 수동

분사가 분사의 수식을 받는 명사와 서로 능동 관계(~하다)이면 v-ing, 수동 관계(~되다)이면 p.p.로 나타낸다.

> Many large cities have very tall buildings **called** / calling skyscrapers. [모의]
> 수식 받는 명사와 call(부르다) = 수동 관계 → p.p.
>
> 많은 대도시에는 마천루라 불리는 아주 높은 건물들이 있다.

Key 1. 분사의 수식을 받는 명사를 찾는다.
　　　　2. 수식 받는 명사와 분사로 쓰인 동사의 관계가 능동인지 수동인지 파악한다.

◆ 해설 문맥상 분사의 수식을 받는 명사는 buildings인데 건물이 마천루로 '불리는' 것이므로 buildings와 call은 수동 관계. 따라서 과거분사 called가 와야 한다. 「B called A: A라고 불리는 B」

> Although *kid* today is an **accepted** / accepting word [that describes a child], it was once
> 수식 받는 명사와 accept(용인하다) = 수동 관계 → p.p.
>
> considered slang. [모의응용]
>
> 비록 오늘날 *kid*는 어린아이를 표현하는 용인된 단어이지만, 그것은 한때 속어로 여겨졌다.

Key 1. 분사의 수식을 받는 명사를 찾는다.
　　　　2. 수식 받는 명사와 분사로 쓰인 동사의 관계가 능동인지 수동인지 파악한다.

◆ 해설 문맥상 분사의 수식을 받는 명사는 word인데, 단어가 '용인된' 것이므로 word와 accept는 수동 관계. 따라서 과거분사 accepted가 와야 한다.

---

skyscraper 마천루, 고층 건물　slang 속어, 은어

02 분사구문의 능동 vs. 수동

분사구문의 의미상 주어를 확인하고 의미상 주어와 분사의 관계가 능동인지 수동인지 파악한다. 분사구문의 의미상 주어는 별도로 분사 앞에 주어지지 않는 한, 문장의 주어와 같다.

> A rabbit moves quickly back and forth, **forcing** / forced its predator to change direction
> 의미상 주어   분사구문의 의미상 주어와 force(~하게 만들다) = 능동 관계 → v-ing
> and make sharp turns. [모의응용]
>
> 토끼는 여기저기 재빠르게 움직여서, 포식자가 방향을 바꾸고 급선회를 하게 만든다.

Key 1. 분사구문의 의미상 주어를 확인한다.
2. 분사구문의 의미상 주어와 분사로 쓰인 동사의 관계가 능동인지 수동인지 파악한다.

◆ **해설** 분사구문 앞에 의미상 주어가 따로 명시되지 않았으므로 분사구문의 주어는 문장의 주어와 같은 A rabbit이다. 문맥상 토끼가 포식자로 하여금 방향을 바꾸고 급선회를 '하게 만드는' 것이므로 분사구문의 의미상 주어 A rabbit과 force는 능동 관계. 따라서 현재분사 forcing이 와야 한다. 「force O to-v: O가 v하게 만들다[강요하다]」

> A rubber tire company decided to try black tires, **thinking** / thought that they might not
> 의미상 주어   분사구문의 의미상 주어와 think(생각하다) = 능동 관계 → v-ing
> show dirt. [모의]
>
> 한 고무 타이어 회사가 검은색 타이어는 때를 드러나게 하지 않을 것으로 생각하여 검은색 타이어를 만들어 보기로 했다.

Key 1. 분사구문의 의미상 주어를 확인한다.
2. 분사구문의 의미상 주어와 분사로 쓰인 동사의 관계가 능동인지 수동인지 파악한다.

◆ **해설** 분사구문 앞에 의미상 주어가 따로 명시되지 않았으므로 분사구문의 주어는 문장의 주어와 같은 A rubber tire company이다. 문맥상 고무 타이어 회사가 '생각하는' 것이므로 분사구문의 의미상 주어 A rubber tire company와 think는 능동 관계. 따라서 현재분사 thinking이 와야 한다.

---

back and forth 여기저기, 왔다 갔다   **predator** 포식자, 포식 동물   **sharp** 급격한; 날카로운   **rubber** 고무   **dirt** 먼지, 때; 흙

EXERCISES

A 다음 중 어법과 문맥상 적절한 것을 고르시오.

01 | Freezing / Frozen | fruit can replace ice cream as a healthy dessert. [문법의 골든룰 101]

02 The snow storm affected everyone | traveling / traveled | home for the holidays.

[어법끝 Start]

03 The picture | displaying / displayed | on the wall here is one we took in Switzerland. [첫단추 문법어법편]

04 A government policy | restricting / restricted | the use of plastic bags is gradually having an effect. [첫단추 문법어법편]

05 | Sleeping / Slept | through most of the winter, bears can survive with little food or water. [어법끝 Start]

06 | Writing / Written | his report in a hurry, he didn't notice the spelling errors.

[문법의 골든룰 101]

A **replace** 대신[대체]하다 **display** 전시[진열]하다 **policy** 정책, 방침 **restrict** 제한[한정]하다 **gradually** 서서히 **spelling** 맞춤법; 철자

07 Impressing / Impressed by her voice, they recommended that she have an audition. [어법끝 Start]

08 Well-paid workers are generally happier at work, showed / showing more enthusiasm and confidence than those on lower salaries. [어법끝 Start 실력다지기]

B 다음 밑줄 친 부분이 어법과 문맥상 맞으면 O, 틀리면 X로 표시하고 바르게 고치시오.

01 One-third of the food <u>producing</u> in the world goes to waste each year.

[문법의 골든룰 101]

02 <u>Parked</u> in a no-parking zone, his car was towed away. [문법의 골든룰 101]

03 Not <u>wanting</u> to interrupt others in the movie theater, I whispered in her ear.

[문법의 골든룰 101]

04 Animals <u>raising</u> on factory farms suffer terrible cruelty. It's a valid reason to stop eating meat. [어법끝 Start 실력다지기]

---

have an audition 오디션을 받다   well-paid 좋은 보수를 받는   enthusiasm 열정, 열의   confidence 자신(감)   salary 월급, 봉급
B tow away 견인하다   interrupt 방해하다   whisper 속삭이다   suffer (고통 등을) 겪다, 경험하다   cruelty 학대; 잔혹함   valid 정당한, 유효한

Point 04 that vs. what

what은 선행사를 포함하는 관계대명사로 명사절을 이끌고, that은 명사절 접속사로 쓰여 완전한 구조의 절을 이끌거나 관계대명사로 쓰여 앞의 명사(선행사)를 수식하는 관계사절을 이끈다. 따라서 명사절을 이끄는 접속사와 관계대명사의 쓰임, 관계대명사끼리의 쓰임을 제대로 구분하는 것이 중요하다.

The two men with heavy bags reminded him of *the news* [what / **that** he^S had heard^V ● on the radio]. [모의응용]
선행사

무거운 가방을 든 그 두 남자는 그에게 라디오에서 들었던 뉴스를 생각나게 했다.

Key 1. 관계사절의 수식을 받는 선행사가 있는지 없는지를 확인한다.
2. 이어지는 절의 구조가 완전한지 아닌지를 파악한다.

◆ **해설** 네모 안의 관계사가 이끄는 절이 앞의 명사(선행사) the news를 수식하고, 관계사가 관계사절 내에서 동사 had heard의 목적어 역할을 하므로 목적격 관계대명사 that이 와야 적절. what 뒤에도 불완전한 구조의 절이 이어지지만, what은 선행사를 포함하는 관계대명사이며 명사절을 이끈다.

With the invention of the Internet, this American concept *of* that / **what** is beautiful^V has^C spread throughout the world. [모의응용]

인터넷의 발명으로, 아름다움에 관한 이러한 미국적 개념이 전 세계적으로 퍼져나갔다.

Key 1. 관계사절의 수식을 받는 선행사가 있는지 없는지를 확인한다.
2. 이어지는 절의 구조가 완전한지 아닌지를 파악한다.

◆ **해설** 이어지는 절이 〈동사(is)+보어(beautiful)〉 구조로 불완전하고 선행사가 없으며, 전치사 of의 목적어가 되는 명사절을 이끌어야 하므로 명사절을 이끄는 관계대명사 what이 와야 적절. 접속사 that은 뒤에 완전한 구조의 절이 이어지며 전치사 of의 목적어인 명사절을 이끌 수 없다. 또한, 관계대명사 that이 이끄는 절은 불완전한 구조이지만 선행사를 수식하는 역할을 하므로 여기서는 적절하지 않다.

---

remind A of B A에게 B를 생각나게 하다   invention 발명   concept 개념   throughout ~의 전체에 걸쳐; ~동안 내내

I thought that I would be able to find *another job* [**what** was ˅a better match ᶜ]. [모의]
선행사 └──────┘ → which 또는 **that**

나는 더 잘 맞는 다른 직업을 찾을 수 있을 거라고 생각했다.

Key 1. 관계사절의 수식을 받는 선행사가 있는지 없는지를 확인한다.
2. 이어지는 절의 구조가 완전한지 아닌지를 파악한다.

◆ **해설** 밑줄 친 관계대명사가 이끄는 절이 앞의 명사구 another job을 수식
하고 관계대명사가 관계사절 내에서 주어 역할을 하므로 what을 주
격 관계대명사 which 또는 that으로 고쳐야 한다. what은 선행사를
포함하는 관계대명사로 명사절을 이끈다.

One cool thing about my Uncle Arthur was **what** he ˢcould always pick˅the best places to
camp.ᵒ [모의]
→ **that**

어서 삼촌의 한 가지 멋진 점은 삼촌이 야영하기에 가장 좋은 장소를 항상 고를 수 있다는 것이었다.

Key 1. 관계사절의 수식을 받는 선행사가 있는지 없는지를 확인한다.
2. 이어지는 절의 구조가 완전한지 아닌지를 파악한다.

◆ **해설** 밑줄 친 관계대명사가 이끄는 절 앞에 선행사가 없으며 뒤에 〈주어
(he)+동사(could ~ pick)+목적어(the best ~ camp)〉 구조의 완
전한 절이 이어지므로 관계대명사 what을 접속사 that으로 고쳐야
적절. 접속사 that이 이끄는 명사절이 문장의 보어로 쓰였다. 관계대명
사 what은 뒤에 불완전한 구조의 절이 온다.

---

match 아주 잘 어울리는 사람[것]; 경기, 시합

EXERCISES

A 다음 중 어법과 문맥상 적절한 것을 고르시오.

01 That / What matters most is not physical appearance but inner beauty.

[문법의 골든룰 101]

02 Last night, I watched the baseball game that / what was playing on TV. [어법끝 Start]

03 If you don't enjoy that / what you're doing, don't despair. There are a lot of other things you can do. [어법끝 Start]

04 The truth is that / what most people brush their teeth only for 30 to 45 seconds, not 2 minutes. [어법끝 Start]

05 Like anything else, reading is a skill that / what becomes better with practice.

[어법끝 Start 실력다지기]

06 This article explains that / what is necessary for a successful presentation.

[문법의 골든룰 101]

A **matter** 중요하다; 일; 문제   **not A but B** A가 아니라 B   **inner** 내적인; 안쪽의   **despair** 절망(하다)   **presentation** 발표

07   I have several things $\boxed{\text{that / what}}$ I have to discuss with my parents right now.

[첫단추 문법어법편]

08   For a long time, people did not know $\boxed{\text{that / what}}$ the heart pumps blood in a circuit through the body. [모의]

B   다음 밑줄 친 부분이 어법과 문맥상 맞으면 O, 틀리면 X로 표시하고 바르게 고치시오.

01   I believe this book will help you to figure out <u>that</u> you want to do in life.

[첫단추 문법어법편]

02   The name "hamburger" implies <u>that</u> hamburgers originated from Hamburg in Germany. [어법끝 Start 실력다지기]

03   Some insects don't hide at all. Instead, their wings have bright colors <u>what</u> can be seen from far away. [모의응용]

04   Alvin makes models for the leading architectural firms in town. He does <u>that</u> he loves, and he earns a good living. [모의]

---

pump 퍼올리다, 퍼내다   circuit 순환   **B** figure out 알아내다, 이해하다   imply 암시하다   originate 비롯되다, 유래하다   leading 선도적인 architectural firm 건축회사   earn a living 생계를 꾸리다

관계사

01 관계대명사의 격과 선행사 구분

관계대명사는 선행사의 종류(사람, 동물 등)와 관계사절 내 역할(주어, 목적어 역할 등)에 따라 결정된다.

I have *an acquaintance* [**who** / whom calls me by the wrong first name]. [모의]
선행사 / 주어 없음 → 주격 관계대명사

나에게는 나를 틀린 이름으로 부르는 지인이 한 명 있다.

Key 관계대명사가 관계사절 내에서 어떤 역할을 하는지 확인한다.

◆ 해설 관계대명사가 이끄는 절에서 관계대명사가 주어 역할을 하므로 주격 관계대명사 who가 와야 적절. who가 이끄는 주격 관계대명사절 (who ~ name)이 선행사 an acquaintance를 수식한다. whom은 목적격 관계대명사로, 관계사절 내에서 목적어 역할을 한다.

You're *the only artist* in the world [**which** can draw the way you do]. [모의]
선행사 / → who 또는 that

당신은 당신의 방식대로 그림을 그릴 수 있는 세상에서 유일한 예술가이다.

Key 1. 관계대명사절의 수식을 받는 선행사가 무엇인지 파악한다.
2. 선행사의 종류를 확인한 다음, 관계대명사가 관계사절 내에서 어떤 역할을 하는지 확인한다.

◆ 해설 문맥상 관계대명사절의 수식을 받는 선행사는 the only artist로 사람을 나타내고, 밑줄 친 부분의 관계대명사가 관계사절 내에서 주어를 대신하므로 which를 주격 관계대명사 who 또는 that으로 고쳐야 한다. which는 주격, 목적격 관계대명사이지만, 선행사가 사물이나 동물일 때 사용한다. 위 문장에서처럼 선행사와 관계대명사가 떨어진 경우도 있으므로 바로 앞에 있는 명사 the world를 선행사로 착각하지 않도록 주의한다.

---

acquaintance 지인, 아는 사람

02 관계대명사 vs. 관계부사

관계대명사와 관계부사를 구분하는 문제의 경우 관계사 뒤에 이어지는 절의 구조가 완전한지 아닌지를 확인한다.
뒤에 불완전한 구조의 절이 오면 관계대명사 자리, 완전한 구조의 절이 오면 관계부사 자리이다.

Nervous first dates and anniversaries are *moments* [**that** / when need flowers]. [모의응용]
선행사 ┗━━━━━━━┛ 관계대명사 + 불완전한 구조의 절

떨리는 첫 데이트와 기념일은 꽃이 필요한 순간이다.

Key 관계사 뒤에 이어지는 절이 주어나 목적어 등 문장 필수 성분을 모두 포함하고 있는지를 확인한다.

◆ 해설 관계사 뒤에 이어지는 절이 〈동사(need)+목적어(flowers)〉로 주어가 없는 불완전한 구조이므로 주격 관계대명사 that이 와야 적절. 관계대명사 that이 이끄는 절(that ~ flowers)이 선행사 moments를 수식한다. 관계부사 when 뒤에는 문장 필수 성분을 모두 갖춘 완전한 구조의 절이 이어진다.

In *most countries* [which / **where** there are mountains], people enjoy skiing. [모의응용]
선행사 ┗━━━━━━━━━━━━┛ 관계부사 + 완전한 구조의 절

산이 있는 대부분의 나라에서, 사람들은 스키 타는 것을 즐긴다.

Key 관계사 뒤에 이어지는 절이 주어나 목적어 등 문장 필수 성분을 모두 포함하고 있는지를 확인한다.

◆ 해설 관계사 뒤에 이어지는 절이 〈there+be동사(are)+주어(mountains)〉로 완전한 구조이므로 관계부사 where가 적절. 관계부사 where가 이끄는 절(where ~ mountains)이 선행사 most countries를 수식한다. 관계대명사 which 뒤에는 주어나 목적어 등이 빠진 불완전한 구조의 절이 이어진다.

anniversary 기념일

EXERCISES

A 다음 중 어법과 문맥상 적절한 것을 고르시오.

01 I am looking at movie reviews which / who were written by viewers. [문법의 골든룰 101]

02 A blog is an online space which / where you can express your ideas. [문법의 골든룰 101]

03 You need to limit the time that / when you spend on computer games.

[문법의 골든룰 101]

04 The teacher whose / whom students like for his sense of humor will retire soon. [문법의 골든룰 101]

05 We are planning to visit the city which / where the movie was filmed.

[첫단추 문법어법편]

06 In the world, there are lots of people who / which don't get enough food to eat. [모의]

A retire 은퇴[퇴직]하다

68

07 I don't know the reason [which / why] she is so angry at me. [어법끝 Start]

08 Dinner is a time [which / when] parents can teach good manners and values.

[모의응용]

B 다음 밑줄 친 부분이 어법과 문맥상 맞으면 O, 틀리면 X로 표시하고 바르게 고치시오.

01 Your hands touch many things <u>that</u> can move germs to your face. [모의응용]

02 There are many people <u>who</u> opinions are different from yours. [첫단추 문법어법편]

03 Your birthday is a day <u>which</u> you should thank your parents for your birth.

[문법의 골든룰 101]

04 A long downward road without cross streets could be the perfect area <u>which</u> you practice basic skateboarding skills. [모의응용]

---

manner 《복수형》 예절   value 《복수형》 가치관   **B** downward 내리막의   cross street 교차로

Point 06 형용사 vs. 부사

형용사는 (대)명사를 수식하거나 주격보어·목적격보어로 사용되며, 부사는 동사·형용사·부사·문장 전체를 수식한다.

In this way, the rabbit makes the chase more **difficult** / difficultly and tiring for the
coyote. [모의]
         V   O   C 목적격보어 자리이므로 형용사 difficult가 적절

이런 식으로, 토끼는 코요테에게 추격을 더 어렵고 지치게 한다.

Key 네모 안에 들어갈 말이 문장에서 어떤 역할을 하는지 확인한다.

◆ 해설 네모 안에 들어갈 말은 〈make+O+C: O를 C(의 상태)로 하다〉 구조
의 문장에서 목적격보어 자리에 쓰이므로 형용사 difficult가 오는 것
이 적절하다. 부사는 보어로 쓰일 수 없다.

Feathers help to keep a bird **warmly** by trapping heat produced by the body. [모의응용]
      V O   C → 형용사 warm(목적격보어 자리)

깃털은 몸에서 발생된 열을 가두어서 새를 따뜻한 상태로 유지하도록 도와준다.

Key 형용사 또는 부사에 밑줄이 있는 경우 문장에서 어떤 역할을 하는지 확인한다.

◆ 해설 〈keep+O+C: O를 C(의 상태)로 유지하다〉 구조에서 굵게 표시된 부
분은 목적격보어 자리이므로 형용사 warm이 오는 것이 적절하다. 부
사는 보어로 쓰일 수 없다.

---

chase 추격, 추적; 뒤쫓다   **coyote** 코요테(갯과에 속하는 북미산 야생 동물)   **feather** 털, 깃털   **trap** 가두다; 덫

Many languages are spoken in the country. Eleven languages are official / **officially** recognized. [모의응용]

부사 officially가 동사 are recognized 수식

그 나라에는 많은 언어가 사용된다. 11개의 언어가 공식적으로 인정된다.

Key 네모 안에 들어갈 말이 무엇을 수식하는지 확인한다.

◆ 해설 네모 안에 들어갈 말은 문맥상 동사 are recognized를 수식하므로 부사 officially가 오는 것이 적절하다. 형용사는 동사를 수식할 수 없다.

Every place on the earth is different. Just like people, no two places can be exact / **exactly** alike. [모의]

부사 exactly가 형용사 alike 수식

지구 상의 모든 장소는 다르다. 사람들과 마찬가지로 어떠한 두 장소도 정확히 똑같을 수 없다.

Key 네모 안에 들어갈 말이 무엇을 수식하는지 확인한다.

◆ 해설 네모 안에 들어갈 말은 문맥상 뒤에 나오는 형용사 alike를 수식하므로 부사 exactly가 오는 것이 적절하다. 형용사는 또 다른 형용사를 수식할 수 없다.

officially 공식적으로   recognize 인정하다: 알아보다   exact 정확한 *cf.* exactly 정확히

EXERCISES

A 다음 중 어법과 문맥상 적절한 것을 고르시오.

01 We found the shopping mall easy / easily with a map application. [문법의 골든룰 101]

02 This vegetable tastes bitter / bitterly, but it is good for your health. [문법의 골든룰 101]

03 When I started to live alone, I had some unexpected / unexpectedly difficulties. [첫단추 문법어법편]

04 He drives extremely careful / carefully when his child is in his car. [첫단추 문법어법편]

05 Singing my favorite songs always makes me cheerful / cheerfully. [어법끝 Start]

06 Even though he was obvious / obviously wrong, my friend continued to argue his point. [문법의 골든룰 101]

A application 응용 프로그램; 지원; 적용 extremely 극도로 argue 주장하다

72

07 Use specific / specifically reasons to support your opinions. [문법의 골든룰 101]

08 Agatha Christie is extreme / extremely popular thanks to her mystery novels that were made into films. [첫단추 문법어법편]

09 The politician kept silent / silently after the rumor, but his public image was damaged. [문법의 골든룰 101]

B　다음 밑줄 친 부분이 어법과 문맥상 맞으면 O, 틀리면 X로 표시하고 바르게 고치시오.

01 The birth rate is low at 1.8 children per woman, and the number of elderly people is growing <u>rapidly</u>. [모의응용]

02 Christina felt <u>nervously</u> when she got a sudden question from a teacher.

[문법의 골든룰 101]

03 The courses are arranged <u>alphabetical</u> so that students can quickly find what they're looking for. [모의응용]

---

specific 구체적인 *cf.* specifically 구체적으로　thanks to A A의 덕분에[때문에]　politician 정치인　rumor 소문, 풍문
B birth rate 출생률　arrange 배열하다, 정리하다

대명사의 일치

대명사는 반드시 그것이 지시하는 대상과 성, 수, 격이 일치해야 한다. 시험에는 주로 대명사와 그것이 지시하는 대상의 수일치를 묻는 문제가 출제되며, 이를 해결하기 위해서는 문맥을 잘 알아야 하므로 글을 바르게 해석하는 것이 중요하다.

What is beauty? Different cultures define **it / them** quite differently. [모의]
　　　　　　　　　　　단수명사

미(美)란 무엇인가? 서로 다른 문화는 그것을 상당히 다르게 정의한다.

Key 1. 문맥을 통해 대명사가 가리키는 명사를 앞에서 찾는다.
2. 대명사가 가리키는 명사가 단수인지 복수인지 확인한다.

◆ 해설 문맥상 네모 안의 대명사가 가리키는 것은 앞에 나온 단수명사 beauty이므로 it이 와야 한다.

I quickly wrote a note [about my concerns], and put **it / them** in his mailbox. [모의응용]
　　　　　　　단수명사구

나는 내 걱정거리들에 관해 빠르게 메모를 해서, 그것을 그의 우편함에 넣어두었다.

Key 1. 문맥을 통해 대명사가 가리키는 명사를 앞에서 찾는다.
2. 대명사가 가리키는 명사가 단수인지 복수인지 확인한다.

◆ 해설 문맥상 네모 안의 대명사가 가리키는 것은 앞에 나온 단수명사구 a note이므로 it이 와야 한다.

---

define 정의하다　　**concern** 걱정; 관심사　　**mailbox** 우편함

When you read a <u>a new word</u> in context, you might be able to guess |**its** / their| meaning.
단수명사구   = the word's   [모의응용]

문맥에서 새로운 단어를 읽을 때, 당신은 그것의 의미를 추측해볼 수도 있습니다.

Key 1. 문맥을 통해 대명사가 가리키는 명사를 앞에서 찾는다.
2. 대명사가 가리키는 명사가 단수인지 복수인지 확인한다.

◆ **해설** 문맥상 네모 안의 대명사가 가리키는 것은 앞에 나온 단수명사구
a new word이므로 its가 와야 한다.

Parents need to do a better job of helping their <u>kids</u> identify the books [that interest **it**].
복수명사구   → them
[모의응용]

부모들은 아이들에게 흥미를 유발하는 책을 발견할 수 있도록 도와주는 일을 더 잘할 필요가 있다.

Key 1. 문맥을 통해 대명사가 가리키는 명사를 앞에서 찾는다.
2. 대명사가 가리키는 명사가 단수인지 복수인지 확인한다.

◆ **해설** 문맥상 밑줄 친 대명사가 가리키는 것은 앞에 나온 복수명사구 their
kids이므로 them으로 고쳐야 한다. that 이하는 선행사 the books
를 수식하는 주격 관계대명사절.

context 문맥   identify 확인하다   interest ∼에게 흥미를 일으키게 하다

EXERCISES

A 다음 중 어법과 문맥상 적절한 것을 고르시오.

01 If there is any food left on the shelves, give it / them to the dog. [문법의 골든룰 101]

02 Samuel splashed water on his face, and then brushed his / its teeth. [첫단추 문법어법편]

03 Town officials gather information about its / their community's population.

[모의응용]

04 She has an interest in computers, so she is learning to use it / them at the public library. [모의]

05 I had a minor disagreement with my group members, but we managed to overcome it / them . [문법의 골든룰 101]

06 The apartment building near the two malls is not so popular, despite its / their convenient location. [문법의 골든룰 101]

A **splash** (물을) 튀기다   **official** 공무원; 공식적인   **minor** 작은, 사소한   **manage to-v** 간신히 v하다   **overcome** 극복하다   **despite** ~에도 불구하고   **location** 장소, 위치

07 Perhaps the most helpful way to achieve your goals is to keep reminding yourself of ⟨it / them⟩. [문법의 골든룰 101]

08 *Stegosaurus*, one of the plant-eating dinosaurs, was over 9 meters long, but ⟨its / their⟩ brain was the size of a walnut. [문법의 골든룰 101]

09 Kangaroos have difficulty in walking backwards because of the unusual shape of ⟨its / their⟩ legs. [문법의 골든룰 101]

B 다음 밑줄 친 부분이 어법과 문맥상 맞으면 O, 틀리면 X로 표시하고 바르게 고치시오.

01 Take the medicine I gave you for those symptoms. I'm sure <u>they</u> will help you feel better. [문법의 골든룰 101]

02 Children from nearly 100 countries met in Connecticut recently to learn about the environment and discuss ways to protect <u>them</u>. [모의응용]

03 Animal parents have limited resources to dedicate to <u>their</u> offspring, and if the baby is sick or weak, they abandon it. [어법끝 Start]

---

remind A of B A에게 B를 생각나게 하다   dinosaur 공룡   walnut 호두   have difficulty (in) v-ing v하는 데 어려움을 겪다   backwards 뒤로
B symptom 증상   limited 한정된   resource 자원, 자산   dedicate 바치다, 전념하다   offspring 자식, 새끼   abandon 버리다, 떠나다

능동태 vs. 수동태

주어와 동사의 능동, 수동 관계를 파악하여 동사의 태를 결정한다. 주어가 동사의 동작을 직접 행하면 능동태, 받거나 당하면 수동태(기본 형태: be p.p.)로 나타낸다.

His work **has been** | recognizing / **recognized** | internationally and his book received
└─────── 주어와 동사가 수동 관계 ───────┘
a prestigious award. [모의응용]

그의 연구는 국제적으로 인정받아 왔으며 그의 저서는 명망 있는 상을 받았다.

Key 주어 His work와 동사 recognize가 능동 관계인지 수동 관계인지 파악한다.

◆ **해설** 그의 연구가 '인정받은' 것이므로 주어(His work)와 동사(recognize)는 수동 관계이다. 따라서 앞의 has been과 함께 현재완료 수동형(have been p.p.)을 이루는 recognized가 오는 것이 적절하다.

In a busy parking lot, *the boys* **had** | left / **been left** | completely alone in a car. [모의응용]
└──── 주어와 동사가 수동 관계 ────┘

붐비는 주차장에서, 그 소년들은 차 안에 완전히 홀로 남겨졌다.

Key 주어 the boys와 동사 leave가 능동 관계인지 수동 관계인지 파악한다.

◆ **해설** 소년들이 홀로 '남겨진' 것이므로 주어(the boys)와 동사(leave)는 수동 관계이다. 따라서 앞의 had와 함께 과거완료 수동형(had been p.p.)을 이루는 been left가 오는 것이 적절하다.

---

recognize 인정하다   internationally 국제적으로   prestigious 명망 있는, 일류의   award 상

주어가 대명사일 때는 문맥상 대명사가 가리키는 것을 앞에서 먼저 찾은 다음, 주어와 동사의 관계를 파악한다.

He made a list of his son's interests. *It* **was included** watching TV and going to the zoo.

└─── = ───┘ → included [모의응용]

그는 아들의 관심사를 목록으로 만들었다. 그것은 TV 시청과 동물원 가기를 포함했다.

Key 1. 대명사 It이 가리키는 것이 무엇인지 앞에서 찾는다.
2. 대명사 It이 가리키는 것과 동사 include가 능동 관계인지 수동 관계인지 파악한다.

◆ 해설 문맥상 대명사 It은 앞에 나온 명사구 a list of his son's interests를 가리킨다. 목록이 TV 시청과 동물원 가기를 '포함하는' 것이므로 주어(It)와 동사(include)는 능동 관계이다. 따라서 수동태 was included를 능동태 included로 고쳐야 적절하다.

We use natural materials. They come from plants or animals, or *they* **are** **dug** / digging

(= natural materials)

from the ground. [모의응용]

우리는 천연자원을 사용한다. 그것들은 식물이나 동물로부터 오거나, 땅으로부터 파내어진다.

Key 1. 대명사 they가 가리키는 것이 무엇인지 앞에서 찾는다.
2. 대명사 they가 가리키는 것과 동사 dig가 능동 관계인지 수동 관계인지 파악한다.

◆ 해설 문맥상 대명사 they는 앞에 나온 명사구 natural materials를 가리킨다. 천연자원이 '파내어지는' 것이므로 주어(they)와 동사(dig)는 수동 관계이다. 따라서 are와 함께 현재시제 수동태를 이루는 dug가 오는 것이 적절하다.

---

natural material 천연자원

EXERCISES

A 다음 중 어법과 문맥상 적절한 것을 고르시오.

01 Maybe someday the origin of the universe will explain / be explained completely. [첫단추 문법어법편]

02 This violent tornado destroyed / was destroyed nine homes near the downtown area. [모의]

03 The oceans are polluting / being polluted by oil. We should take action to save them. [어법끝 Start]

04 Children are becoming disconnected from the natural environment. They are spent / spending less and less time outdoors. [모의응용]

05 They announced that the vice president will be leaving / being left the company. [어법끝 Start]

06 In sign language, information is processed / processing through the eyes rather than the ears. [모의응용]

07 Since its foundation in 1946, UNICEF has │saved / been saved│ the lives of many children. [첫단추 문법어법편]

08 For ages, cats have │loved / been loved│ as pets by people who see them as independent and clean. [어법끝 Start]

09 If you donate to any of these organizations, you can be sure your money is │using / being used│ to help people overcome poverty. [어법끝 Start 실력다지기]

B 다음 밑줄 친 부분이 어법과 문맥상 맞으면 O, 틀리면 X로 표시하고 바르게 고치시오.

01 All members of the book club <u>considered</u> her suitable for the leader. [문법의 골든룰 101]

02 They robbed the bank of three million dollars, but <u>caught</u> on the spot.

[첫단추 문법어법편]

03 You would think all bicycles must have brakes. But the bicycles for track racing are unique because they <u>make</u> without brakes. [모의응용]

---

foundation (단체 등의) 창립, 설립   for ages 오랫동안   independent 독립적인   donate 기부하다   organization 조직, 단체, 기구
overcome 극복하다   poverty 빈곤   **B** suitable 적합한   rob A of B A에게서 B를 빼앗다   on the spot 현장에서

Point 09 주어와 동사의 수일치

문장의 주어는 동사의 수와 일치(단수명사-단수동사, 복수명사-복수동사)해야 한다.

01 형용사구의 수식을 받는 주어와 동사의 수일치

주어는 전명구(전치사+명사), 현재분사(v-ing)구, 과거분사(p.p.)구, to부정사(to-v)구 등과 같은 형용사구의 수식을 받을 수 있다. 형용사구의 범위를 바르게 파악하여 그에 속한 명사를 주어로 착각하지 않도록 주의한다.

> ***One*** [of her pastimes] **are** telling us a lot of stories from legends. [모의응용]
> 주어(단수명사) [전명구]　　　　　→ is 동사(단수동사)
>
> 그녀의 소일거리 중 하나는 우리에게 많은 전설 이야기들을 들려주는 것이다.

Key 1. 주어를 수식하는 수식어구를 [ ]로 묶어본다.
　　　2. 주어인 명사의 수를 확인한 후 동사를 주어의 수에 일치시킨다.

　　　　　　◆ 해설 주어는 전치사 of가 이끄는 전명구(of her pastimes)의 수식을 받는 단수명사 One이다. 이에 수일치하도록 복수동사 are를 단수동사 is로 고쳐야 적절하다. 바로 앞에 있는 복수명사 pastimes에 수일치하지 않도록 주의한다.

> ***The scientists*** [involved in ocean science] **hopes** that people will protect ocean species.
> 　주어(복수명사)　　　　[과거분사구]　　　　　→ hope 동사(복수동사)
> 　　　　　　　　　　　　　　　　　　　　　　　　　　　　　　[모의응용]
>
> 해양 과학에 종사하는 과학자들은 사람들이 해양 종들을 보호하기를 희망한다.

Key 1. 주어를 수식하는 수식어구를 [ ]로 묶어본다.
　　　2. 주어인 명사의 수를 확인한 후 동사를 주어의 수에 일치시킨다.

　　　　　　◆ 해설 주어는 과거분사 involved가 이끄는 과거분사구(involved in ocean science)의 수식을 받는 복수명사구 The scientists이다. 이에 수일치하도록 단수동사 hopes를 복수동사 hope로 고쳐야 적절하다. 바로 앞에 있는 단수명사 science에 수일치하지 않도록 주의한다.

---

pastime 취미, 소일거리　　legend 전설　　involved (in) (~에) 종사하는; 관련된　　species 종(種); 종류

02 관계사절의 수식을 받는 주어와 동사의 수일치

주어는 관계대명사(who(m), whose, which, that)와 관계부사(when, where, why)가 이끄는 절의 수식을 받을 수 있다. 형용사구와 마찬가지로, 관계사절의 범위를 바르게 파악하여 그에 속한 명사를 주어로 착각하지 않도록 주의한다.

> ***Animals*** [that pulled plows for planting] | was / **were** | more efficient than humans. [모의응용]
> 주어(복수명사)　　　　　[관계대명사절]　　　　　　　　　동사(복수동사)
>
> 씨를 심기 위해 쟁기를 끄는 동물들은 사람들보다 더 효율적이었다.

Key 　1. 주어를 수식하는 관계사절의 범위를 파악한 다음 [ ]로 묶어본다.
　　　2. 주어인 명사의 수를 확인한 후 동사를 주어의 수에 일치시킨다.

◆ **해설** 주어는 주격 관계대명사 that이 이끄는 관계대명사절(that ~ planting)의 수식을 받는 복수명사 Animals이다. 따라서 이에 수일치하는 복수동사 were가 오는 것이 적절하다. 바로 앞에 있는 단수명사 planting에 수일치하지 않도록 주의한다.

> ***The reason*** [why people start talking about the weather or current events] | **is** / are |
> 주어(단수명사)　　　　　　　　　　　　[관계부사절]　　　　　　　　　　　　　　동사(단수동사)
> that they are common to everyone. [모의응용]
>
> 사람들이 날씨나 현재의 사건들로 대화하기 시작하는 이유는 그것들이 모두에게 공통되기 때문이다.

Key 　1. 주어를 수식하는 관계사절의 범위를 파악한 다음 [ ]로 묶어본다.
　　　2. 주어인 명사의 수를 확인한 후 동사를 주어의 수에 일치시킨다.

◆ **해설** 주어는 관계부사 why가 이끄는 관계부사절(why ~ events)의 수식을 받는 단수명사구 The reason이다. 따라서 이에 수일치하는 단수동사 is가 오는 것이 적절하다. 바로 앞에 있는 복수명사구 current events에 수일치하지 않도록 주의한다.

---

plow 쟁기　　efficient 능률적인, 효율적인　　current 현재의, 지금의

EXERCISES

다음 중 어법과 문맥상 적절한 것을 고르시오.

01 The most common reason to give flowers [is / are] to express romantic love.

[모의응용]

02 The national soccer team led by the new coach [has / have] won all the games until now. [어법끝 Start]

03 Soldiers serving in a dangerous war zone [receive / receives] bonus pay for their sacrifice. [어법끝 Start]

04 Farmers' knowledge about tools for farming [make / makes] their work easier.

[모의응용]

05 The doctor who has visited dozens of countries and helped thousands of patients [is / are] over there. [첫단추 문법어법편]

06 According to the Ministry of Environment, the supply of plastic bags in stores [has / have] dropped by 70~80 percent recently. [모의]

A war zone 교전 지역 sacrifice 희생 farming 농사, 농업 according to A A에 따르면 ministry (정부의 각) 부처 supply 공급
drop 하락하다

07 Sign language for the deaf ⌐was / were⌐ developed in France in the 18th century.

[모의응용]

08 The ability to touch your toes ⌐show / shows⌐ the flexibility of your muscles.

[어법끝 Start]

B 다음 밑줄 친 부분이 어법과 문맥상 맞으면 O, 틀리면 X로 표시하고 바르게 고치시오.

01 The car that they bought recently <u>are</u> a used model. It's cheap and in good condition. [첫단추 문법어법편]

02 The best way to get the necessary vitamins <u>are</u> through a healthy diet.

[첫단추 문법어법편]

03 Clothes made from natural fibers <u>is</u> one of the products favored by environmentalists. [모의응용]

04 Children who start studying certain subjects too early often <u>suffers</u> from much stress. [모의응용]

---

flexibility 유연성 **B** in good condition 상태가 좋은 natural fiber 천연 섬유 favor 지지하다; 호의 environmentalist 환경 운동가
suffer from ~로 고통을 겪다

전치사 vs. 접속사

전치사 뒤에는 명사(구), 접속사 뒤에는 주어와 동사 등 문장의 필수 구성 요소를 전부 갖춘 완전한 구조의 절이 온다.

My wife and I visited my parents **during** / while the summer vacation. [모의응용]
전치사   명사구

나와 내 아내는 여름 휴가 동안 내 부모님을 방문했다.

Key 뒤에 명사구가 오는지 완전한 구조의 절이 오는지 확인한다.

◆ 해설 뒤에 명사구 the summer vacation이 오므로 전치사 during이 오는 것이 적절하다. while은 접속사로 뒤에 완전한 구조의 절이 이어진다.

People's standards of living differ greatly, and some are comfortable **while** / during
접속사

others aren't comfortable. [모의응용]
주어   동사   보어

사람들의 생활 수준은 대단히 다르다, 그리고 몇몇 사람들은 풍족하지만 다른 사람들은 풍족하지 않다.

Key 뒤에 명사구가 오는지 완전한 구조의 절이 오는지 확인한다.

◆ 해설 뒤에 〈주어(others)+동사(aren't)+보어(comfortable)〉로 완전한 구조의 절이 이어지므로 접속사 while이 오는 것이 적절하다. 여기서 접속사 while은 '~하는 반면에'라는 뜻으로 부사절을 이끈다. during은 전치사로 뒤에 명사구가 온다.

---

standard of living 생활 수준   differ 다르다   greatly 대단히

The wheel and the plow were possible | because / **because of** | the availability of animal

labor. [모의]
                                                   전치사   명사구

바퀴와 쟁기는 동물 노동력의 이용 가능성 때문에 가능했다.

Key 뒤에 명사구가 오는지 완전한 구조의 절이 오는지 확인한다.

◆ 해설 뒤에 명사구 the availability of animal labor가 오므로 전치사 because of가 오는 것이 적절하다. because는 접속사로 뒤에 완전한 구조의 절이 이어진다.

Children do not use their imagination enough **because of** the computer screen shows
                                                     → because   주어   동사

them everything. [모의]
간접목적어   직접목적어

컴퓨터 화면이 아이들에게 모든 것을 보여주기 때문에 아이들이 자신들의 상상력을 충분히 사용하지 않는다.

Key 뒤에 명사구가 오는지 완전한 구조의 절이 오는지 확인한다.

◆ 해설 뒤에 〈주어(the computer screen)+동사(shows)+간접목적어 (them)+직접목적어(everything)〉로 완전한 구조의 절이 이어지므로 접속사 because로 고쳐야 적절.

---

availability 이용 가능성　　labor 노동, 근로　　imagination 상상력

EXERCISES

A 다음 중 어법과 문맥상 적절한 것을 고르시오.

01 During / While we were traveling, we took hundreds of pictures. [어법끝 Start]

02 Bella is in good shape although / despite she doesn't get much exercise.

[문법의 골든룰 101]

03 I already finished my homework during / while you were talking on the phone. [첫단추 문법어법편]

04 Recently, he has had no appetite due to / because the stressful situation at his school. [첫단추 문법어법편]

05 I did volunteer work at an animal shelter while / during the winter vacation.

[문법의 골든룰 101]

06 It's not easy to study the eagle's habits because / because of it lives in such remote and wild areas. [어법끝 Start]

A in good shape (몸의) 상태가 좋은 appetite 식욕 stressful 스트레스가 많은 shelter 보호소 remote 외진, 외딴

07 The library is closed on Saturdays and Sundays during / while the summer vacation. [어법끝 Start]

08 Because / Because of the rapid reaction of weather watchers, no one was injured in last night's terrible storm. [모의]

B 다음 밑줄 친 부분이 어법과 문맥상 맞으면 O, 틀리면 X로 표시하고 바르게 고치시오.

01 I feel good about myself <u>because of</u> I can do something for others. [모의응용]

02 We enjoyed the movie <u>despite</u> we didn't have very good seats. [문법의 골든룰 101]

03 Chinese and Greek thinkers developed ideas about philosophy <u>during</u> times of war and disorder. [어법끝 Start 실력다지기]

04 <u>Despite</u> various laws and campaigns, the amount of cell-phone use while driving is rising. [문법의 골든룰 101]

---

rapid 빠른, 급격한   reaction 대응, 반응   injure 다치게 하다   **B** thinker 사상가   philosophy 철학   disorder 혼란

1 (A), (B), (C)의 각 네모 안에서 어법에 맞는 표현으로 가장 적절한 것은?

Freshman year of college was a huge shock for me. First semester, I took a course about Greek civilization (A) that / what I wasn't so interested in, but it was the easiest way to fulfill the literature requirement. The professor began the first lecture by asking if students (B) has / had read any books about the Greek civilization before. I whispered to my friend sitting next to me, "What books?" "Books such as *The Iliad* or *The Odyssey*, of course," she replied. I saw almost every single hand (C) going / went up except mine. The professor then asked, "And who has read these books in the original?" A third of the class kept their hands up. It seemed pretty clear that I was one of the zeroes.

	(A)	(B)	(C)
①	that	has	going
②	that	had	went
③	that	had	going
④	what	has	went
⑤	what	has	going

---

1 freshman 신입생(의)   civilization 문명   fulfill 채우다, 만족시키다; 달성하다   literature 문학   requirement 필요조건, 요건   professor 교수
2 copyright 저작권; 저작권으로 보호하다   touchable 만질 수 있는   exclusive 독점적인; 배타적인   creation 창작품 *cf.* creator 창조[창작]자
reproduce 복제[복사]하다   distribute 배포하다   register 등록하다   expire 만료되다
3 eating disorder 섭식 장애   mark 특징짓다; 표시하다   illness 병, 질병   obsessed with ~에 사로잡힌   every single 단 하나의 ~도

2 (A), (B), (C)의 각 네모 안에서 어법에 맞는 표현으로 가장 적절한 것은?

Copyright law protects original creative works that (A) is / are in a physical form. Such works include books, songs, paintings, and even computer programs. Ideas that haven't been expressed in a touchable form cannot be copyrighted. Copyright gives you five exclusive rights over your creation: to reproduce it, to distribute copies of it, to create new works based on it, to perform it in public, and (B) displays / to display it in public. These rights exist from the moment your work is (C) completing / completed ; you don't even have to officially register the copyright. In Korean law, a copyright expires fifty years after the death of the work's creator.

	(A)	(B)	(C)
①	is	displays	completing
②	are	to display	completed
③	are	displays	completed
④	are	to display	completing
⑤	is	to display	completing

3 다음 글의 밑줄 친 부분 중, 어법상 틀린 것은?

Anorexia is an eating disorder ① <u>marked</u> by extreme fear of being overweight. Young women and teenage girls are most likely to suffer from this illness. Someone who has anorexia hardly ② <u>eats</u> anything, yet becomes obsessed with food. She may even weigh everything she eats or ③ <u>counting</u> the calories of every single thing that she has. It is not possible ④ <u>to achieve</u> the feeling of being slim or fit; the girl with anorexia continues to see herself as fat even when she is very thin and in need of food. Therefore, even though she may weigh ⑤ <u>far</u> less than the average fashion model, she does not see that she is dangerously thin.

*anorexia 거식증

1 (A), (B), (C)의 각 네모 안에서 어법에 맞는 표현으로 가장 적절한 것은?

"(A) Despite / Although popular myth, sitting too close to a TV won't damage your eyes, but it may cause eye strain," says Dr. Lee Duffner, a scientist who studies illnesses of the eyes. "Children can focus at close distance without eye strain better than adults. So, they often develop the habit of holding books right in front of their eyes or (B) sitting / to sit very close to the TV." This behavior can tire the eyes, (C) lead / leading to headaches and blurred vision. But it doesn't cause any permanent damage. A short break will usually help. For today's kids, doctors recommend the "20–20–20 rule": every twenty minutes, take a twenty-second break from the screen and look at something twenty feet away.

	(A)		(B)		(C)
①	Despite	......	sitting	......	lead
②	Although	......	to sit	......	leading
③	Despite	......	to sit	......	lead
④	Although	......	sitting	......	lead
⑤	Despite	......	sitting	......	leading

---

1 myth 근거 없는 믿음 eye strain 눈의 피로(감) tire 피로하게 만들다 blurred 흐릿한 permanent 영구적인
2 industrial 공업[산업]의 labor 노동, 일 moreover 게다가, 더욱이 emphasize 강조하다 creativity 창의력 maintain 유지하다
competitive 경쟁적인 advantage 유리(한 입장); 이점 stable 안정적인 employment 고용; 직장
3 be faced with ~에 직면하다 panic 극심한 공포 heartbeat 심장박동 anxiety 불안(감) psychological 심리[정신]의 concentration 집중
comprehend 이해하다 immediate 즉각적인 sufferer 환자, 고통받는 사람 negative 부정적인 so long as ~하는 한 beat 이기다; 때리다

2 다음 글의 밑줄 친 부분 중, 어법상 틀린 것은?

New technologies depend on completely different skills from ① those used by the industrial economy, and many forms of labor are moving abroad. Because these changes are happening so quickly, governments and businesses throughout the world ② recognizes that education and training are the keys to the future. Moreover, they are emphasizing the need to develop powers of creativity. First, it is important to create ideas for new products and ③ to maintain a competitive advantage. Second, it is necessary that education and training enable people ④ to be flexible, so that businesses can respond to changing markets. Third, everyone will need to prepare for a world ⑤ where stable employment in a job is a thing of the past.

3 다음 글의 밑줄 친 부분 중, 어법상 틀린 것은?

Many young learners, when they are faced with a difficult problem in math, ① feel a rising panic and rapid heartbeat. This is math anxiety, a common psychological condition. When it happens, panic makes concentration ② impossible, and the student fails to comprehend the lesson. Unless they ③ give immediate support, the anxiety sufferers may never lose their strong negative feelings about math. But ④ although the condition won't ever disappear so long as math is a school subject, sufferers can beat their fears and learn to do math well. It just takes understanding and help, and thus math teachers must recognize when a student is suffering and ⑤ offer help.

1 (A), (B), (C)의 각 네모 안에서 어법에 맞는 표현으로 가장 적절한 것은?

Automation continues to become more useful, and automatic systems are taking over many tasks (A) that / what were once performed by people. These include maintaining the proper temperature in a building, enabling airplanes to fly by themselves from takeoff to landing, and (B) to allow / allowing ships to navigate by themselves. When the automation works well, the tasks are usually done accurately and efficiently. Moreover, automation saves people from the boring tasks, (C) permitted / permitting more effective use of time. But when the task gets too complex, automation tends to fail. This means, at least for now, humans still have the final word in most complex tasks.

	(A)	(B)	(C)
①	that	to allow	permitted
②	what	to allow	permitting
③	that	allowing	permitted
④	what	allowing	permitted
⑤	that	allowing	permitting

1 automation 자동화　take over 떠맡다　enable O to-v O가 v할 수 있게 하다　takeoff 이륙 (↔ landing 착륙)　navigate 항해하다　accurately 정확히　save A from B A가 B하지 않아도 되게 하다[피하게 하다]　permit 허용[허락]하다　effective 효과적인　complex 복잡한　the final word 최종적인 결정[발언]
2 microwave oven 전자레인지　molecule 분자　microwave radiation 전자파　likewise 마찬가지로　radio tower 무선탑　generator 발전기　radiation 방사선　heat transfer 열전도　leak (액체, 기체가) 새게 하다
3 artificial 인공적인　flavoring 향료　component 성분, 구성 요소　chemical 화합물, 화학 물질　require 필요[요구]하다　manufacturer 제조업자[회사]　obtain 얻다, 구하다　rely on ~을 필요로 하다; ~에 의존하다　bark 나무껍질　process 공장; 과정　lab 실험실　man-made 사람이 만든, 인공의　consumer 소비자

94

2 (A), (B), (C)의 각 네모 안에서 어법에 맞는 표현으로 가장 적절한 것은?

A microwave oven can cook food because the water molecules inside the food (A) absorb / absorbs microwave radiation, heat up, and as a result, warm the food. Microwave radiation will likewise heat up skin and other body parts. In fact, people (B) working / worked at large radio towers in cold weather used to stand in front of the microwave generators in order to warm themselves. The radiation is most harmful to the parts of the body that cannot remove the heat efficiently — the eyes especially. That heat transfer could explain why we sometimes hear about people (fast-food workers, for instance) getting headaches when they are (C) exposing / exposed to microwave ovens which are leaking radiation.

	(A)	(B)	(C)
①	absorb	working	exposing
②	absorb	worked	exposed
③	absorb	working	exposed
④	absorbs	working	exposing
⑤	absorbs	worked	exposing

3 다음 글의 밑줄 친 부분 중, 어법상 틀린 것은?

Artificial flavorings are safer in theory because only safety-tested components are used. Another difference is cost. The search for "natural" sources of chemicals often requires that a manufacturer ① make great efforts to obtain a given chemical. Natural coconut flavorings, for instance, rely on a special chemical. It ② finds in the bark of a certain tree, but obtaining it kills the tree. In addition, the process is expensive. However, this pure natural chemical is the same as one ③ made in a lab. The natural chemical is ④ much more expensive than the man-made chemical. Consumers pay a lot for natural flavorings, but these are in fact no ⑤ better in quality, nor are they safer, than cheaper artificial chemicals.

1 (A), (B), (C)의 각 네모 안에서 어법에 맞는 표현으로 가장 적절한 것은?

Sigmund Freud explained that the human mind has three parts: the id, the ego, and the superego, which together form the basis of our thoughts. He said, "To maintain a (A) reasonable / reasonably good state of mental functioning, the three parts must be well balanced." The adult-like ego has a hard time (B) dealing / dealt with the conflicting demands of the parent-like superego and the baby-like id. The conflict between the id and the superego is a psychological battle that is an essential part of human psychology, and is "managed" by the ego. Freud said that the nature of this battle is (C) that / what makes up our "character."

	(A)	(B)	(C)
①	reasonable	dealing	that
②	reasonable	dealt	what
③	reasonably	dealt	that
④	reasonably	dealing	what
⑤	reasonably	dealing	that

---

1 id 이드(인간의 본능적인 무의식) ego 자아 *cf.* superego 초자아(자아의 도덕적 행동을 가능케 하는 정신 요소) basis 기초, 기반 reasonable 상당히 괜찮은; 합리적인 *cf.* reasonably 상당히; 합리적으로 state 상태 deal with ~을 다루다 conflicting 상충되는 *cf.* conflict 갈등 psychological 심리적인 *cf.* psychology 심리(학) essential 본질적인; 필수적인 make up 형성하다

2 storage 저장, 보관 oasis 오아시스 ((복수형)) oases due to A A 때문에 economical 경제적인 content 함량; 내용(물) constantly 끊임없이, 항상 mammal 포유동물 increasingly 점점 더 thick (액체 등이) 진한; 두꺼운 sufficient 충분한 collapse 쓰러짐; 붕괴(되다)

3 threat 위협, 협박 self-control 자제력 turn away 외면하다, 물리치다 temptation 유혹 desire 욕구, 욕망 overcome 극복하다, 이겨내다

2 다음 글의 밑줄 친 부분 중, 어법상 <u>틀린</u> 것은?

The idea ① <u>that</u> camels can survive completely without water isn't true, and they don't use their humps as storage tanks for water either. The fact is, camels can make long journeys across deserts which have few oases due to their economical use of water. ② <u>They</u> can survive a greater loss of body water (30 percent) than human beings, who can stand losing only about 12 percent. This is ③ <u>because</u> camels lose water from their body tissues alone, and this leaves the water content of the blood ④ <u>constantly</u>. Most mammals, on the other hand, ⑤ <u>lose</u> water from the blood. It becomes increasingly thick and slow moving until it no longer removes a sufficient amount of body heat. This leads to collapse, and possible death.

*hump (낙타 등의) 혹

3 다음 글의 밑줄 친 부분 중, 어법상 <u>틀린</u> 것은?

We can't avoid being exposed to threats to our self-control. So is there any hope for us? One suggestion is to first realize ① <u>that</u> it is very hard to turn away when we are faced with temptation. So, the best thing to do is to walk away from desire before we get too close to it. ② <u>Accept</u> this advice might not be easy, but the reality is that it is much easier to avoid temptation completely than ③ <u>to overcome</u> it when it's right in front of us. And if we can't do that, we can try to improve our ability to fight temptation — possibly by counting to a hundred, singing a song, or ④ <u>making</u> an action plan. These are just some of the ways ⑤ <u>that</u> can help us become better prepared to control ourselves in the future.

When & What to Study [구문]

기본필수어휘

고1 2016	1월	2월	3월	4월	5월	6월	7월	8월	9월	10월	11월	12월
	■	■	■	내신	■	내신	■	■	내신	■	내신	■

구문

빈출어법

독해 유형 전략

시작은
천일문 기본

영문의 핵심 구조를 담은 1001개의 엄선된 문장
영어의 기본 구문을 체계적으로 학습
주어, 동사 찾기와 끊어 읽기 훈련

+ See also

천일문
기본 문제집

[문제로 확인하는 실력]

구문이 적용된 어법, 해석,
영작 문제를 풀어보는
천일문 기본 문제집, 천기문!

❶ 대표 예문을 학습한 뒤 다른 예문 해석에 적용
❷ 모든 문장의 자세하고 친절한 설명이 담긴 별책해설집 〈천일비급〉

When & What to Study [어법]

기본필수어휘

고1 2016	1월	2월	3월	4월	5월	6월	7월	8월	9월	10월	11월	12월
	■	■	■	내신	■	내신	■	■	내신	■	내신	■

구문

빈출어법

독해 유형 전략

시작은
어법끝 START

기출 어법 빈출 포인트 총망라
이해와 적용을 쉽게 해주는 CASE 단위의 학습
네모어법 정복 후 밑줄어법으로 넘어가는 단계적 학습

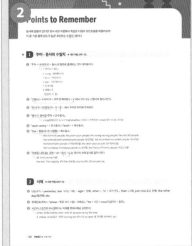

+ See also

어법끝 START
실력다지기

· 어법끝 START 학습 내용의
  복습과 적용을 위한 문제집
· 문장형, 지문형 문제,
  실전모의 15회 수록

❶ 23개 핵심 어법 포인트를 사례별로 정리
❷ 밑줄형 문제에서 적용할 수 있는 모든 어법 포인트 제시

내신 만점을 위한 체계적 영작 훈련!

올쌤(All쌤)
서술형 시리즈

올쌤 3권
고등 서술형 RANK 77

① 고등 전체 학년을 위한 실전 서술형
② 전국 216개 고교 기출 문제 정리
③ 출제 빈도순 77개 문법 포인트 전격 공개

올쌤 1권
기본 문장 PATTERN

① 영작 초보자에게 딱!
② 빈출 기본 동사 351개 엄선
③ 16개 패턴으로 문장 구조 학습

올쌤 2권
그래머 KNOWHOW

① 5가지 문법 노하우
② 우리말과 영어의 차이점 학습
③ 서술형 내신 완벽 대비

고교영어 절대평가

PLAN A

정답 및 해설

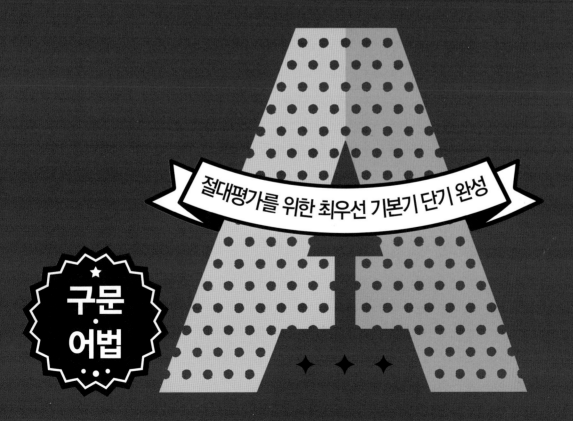

절대평가를 위한 최우선 기본기 단기 완성

구문·어법

쎄듀

고교영어 절대평가
PLAN A

구문
어법

정답 및 해설

고교영어 절대평가

PLAN A

구문 정답 및 해설

Point 01 주어

EXERCISES

본문 p.15

A 05 **S**: Making mistakes in life, **V**: is   09 **S**: How you treat kids, **V**: will make
06 **S**: Who will play the next James Bond, **V**: is   10 **S**: Drinking enough water during exercise, **V**: is
07 **S**: Walking in a park on a sunny day, **V**: is   B 11 to master a language in three months
08 **S**: When coffee was first discovered, **V**: is   12 that he survived the plane crash

---

살면서 실수를 하는 것은 / 배움의 한 부분이다.
05 **Making mistakes in life** / is a part of learning.
          S   V

누가 다음 제임스 본드를 연기할지는 / 아직 정해지지 않았다.
06 **Who will play the next James Bond** / is up in the air.
                         S   V

06
의문사 Who가 이끄는 명사절이 주어로 쓰인 문장. 주어부의 동사(will play)를 문장의 동사로 착각하지 않도록 주의한다.

공원에서 산책하는 것이 / 화창한 날에 / 내가 가장 좋아하는 것 중 하나이다.
07 **Walking in a park** / **on a sunny day** / is one of my favorite things.
                     S   V

커피가 언제 처음 발견되었는지는 // 알려지지 않았다.
08 **When coffee was first discovered** // is unknown.
                         S   V

08
의문사 When이 이끄는 명사절이 주어로 쓰인 문장.

당신이 아이들을 어떻게 다루는지가 / 큰 영향을 줄 것이다 /
09 **How you treat kids** / will make a big difference /
         S   V

그들의 미래의 성공에.
to their future success.

09
their는 kids를 가리킨다.

물을 충분히 마시는 것은 / 운동하는 동안에 / 중요하다 /
10 **Drinking enough water** / **during exercise** / is as important /
                S   V

운동 그 자체만큼.
as the exercise itself.

10
as ~ as ... : …만큼 ~한

(~은) 불가능하다 / 언어를 완벽히 익히는 것은 / 세 달 안에.
11 **It** is impossible / **to master a language** / **in three months**.
   S(가주어)   S'(진주어)

(~은) 기적이었다 // 그가 비행기 추락 사고에서 살아남은 것은.
12 **It** was a miracle // **that he survived the plane crash**.
   S(가주어)   S'(진주어)

EXERCISES

본문 p.17

A 05 whether my choice was right or wrong
　06 why we had to leave so early
　07 to lock the door
　08 that seeing peaceful images can calm your brain

B 09 to find the right school and major for me
　10 that I would make a plan for our trip
C 11 X, to see ｜ expect는 목적어로 to-v만을 취하는 동사이다.
　12 X, going out / O ｜ mind는 목적어로 v-ing만을, want는
　　　to-v만을 취하는 동사이다.

시간이 지나면 알게 될 것이다 // 나의 선택이 옳았는지 틀렸는지.
05 Time will tell // **whether my choice was right or wrong**.
　　　　　V　　　　　　　　　　　　O

05
whether가 목적어로서 명사절을 이끌 때는 '~인지 아닌지'의 뜻이며, if로 바꿔 쓸 수 있다.

그들은 이해할 것이다 // 왜 우리가 그토록 일찍 떠나야 했는지.
06 They will understand // **why we had to leave so early**.
　　　　　V　　　　　　　　　　　　O

그녀는 문을 잠그는 것을 잊었다 // 그리고 한 남자가 침입했다.
07 She forgot **to lock the door** // and a man broke in.
　　　　V　　　　O

연구원들이 (~을) 알아냈다 // 평화로운 이미지를 보는 것이 뇌를 진정시킬 수 있다는 것을.
08 Researchers found // **that seeing peaceful images can calm your brain**.
　　　　　V　　　　　　　　　　　　O

08
목적어절을 이끄는 접속사 that은 종종 생략되기도 한다.

나는 (~이) 중요하다고 생각했다 / 나에게 맞는 학교와 전공과목을 찾는 것이.
09 I thought **it** important / **to find the right school and major for me**.
　　　　　　O(가목적어)　　　　　　O'(진목적어)

그녀는 (~을) 당연하게 여겼다 // 내가 우리 여행의 계획을 세우리라는 것을.
10 She took **it** for granted // **that I would make a plan for our trip**.
　　　　　O(가목적어)　　　　　　O'(진목적어)

나는 (~을) 기대하지 않았다 / 당신을 이렇게 빨리 다시 만날 것을.
11 I didn't expect / **to see you again so soon**.
　　　　V　　　　　O

나는 저녁 먹으러 나가는 것이 괜찮다, / 하지만 너무 늦게까지 머물고 싶지는 않다.
12 I don't mind **going out for dinner**, / but don't want **to stay too late**.
　　　　V₁　　　O₁　　　　　　　　V₂　　　O₂

EXERCISES

본문 p.19

A **05** **S**: My boss, **V**: seems, **C**: to be in a bad mood

06 **S**: He, **V**: let, **O**: the homeless man, **C**: stay in his house for free

07 **S**: Avril Lavigne, **V**: became, **C**: a star

08 **S**: The fire alarm, **V**: made, **O**: 68 people, **C**: run out of the building

09 **S**: my cousin, **V**: looks, **C**: amazed to see bears in person

10 **S**: We **V**: expect, **O**: all the visitors, **C**: to clean their site before leaving this park

11 **S**: you **V**: should keep, **O**: your cell phone, **C**: turned off

12 **S**: The first question, **V**: is, **C**: whether parents are spending enough time with their children

---

나의 상사가 /   기분이 나쁜 것 같다   /   오늘 아침에.

05 My boss / seems **to be in a bad mood** / this morning.
       S   V   C

05
seem은 주격보어로 to-v를 취하는 동사로, '~인 것 같다'로 해석한다.

그는 그 노숙자가 (~하게) 해주었다 / 그의 집에서 지내게 / 무료로.

06 He let the homeless man / **stay in his house** / for free.
       S   V   O   C

06
사역동사 let이 쓰여서 목적격보어로 원형부정사(stay)가 쓰였다. 이때 O와 C는 능동 관계.

에이브릴 라빈은 스타가 되었다   /   17살의 나이에.

07 Avril Lavigne became **a star** / at the age of 17.
            S   V   C

07
주격보어로 명사가 쓰였으므로 S와 C는 서로 동격의 개념. (Avril Lavigne = a famous star)

화재경보가 (~하게) 했다 /   68명의 사람들이 건물 밖으로 뛰어나가게.

08 The fire alarm made / 68 people **run out of the building**.
            S   V   O   C

사진 속에서,   /   내 사촌은 놀란 것처럼 보인다   /   곰을 직접 보게 되어서.

09 In the picture, / my cousin looks **amazed** / **to see bears in person**.
                        S   V   C

09
형용사 주격보어가 주어의 상태를 보충 설명하고 있다.

우리는 기대한다 / 모든 방문객들이 자신들의 자리를 청소할 것을 /   공원을 떠나기 전에.

10 We expect / all the visitors **to clean their site** / **before leaving the park**.
       S   V   O   C

10
expect는 목적격보어로 to-v를 취하는 동사.

수업 중에는, /   휴대전화가 (~인 채로) 유지해야 한다 /   꺼진 채로.

11 In class, / you should keep your cell phone / **turned off**.
                  S   V   O   C

11
휴대전화가 '끄는' 것이 아니라 '꺼진' 것이므로 수동 관계이다. 따라서 turned off가 쓰였다.

첫 번째 질문은   //   부모들이 충분한 시간을 보내는가이다   /

12 The first question is // **whether parents are spending enough time** /
            S   V   C

아이들과 함께.
with their children.

12
접속사 whether가 이끄는 절이 주격보어로 쓰인 문장. 여기에서 whether는 '~인지 (아닌지)'의 의미.

EXERCISES

본문 p.21

A 05 ③ | '최근에[막] 졸업했다'는 의미이므로 '완료'를 나타낸다.

06 ② | '만난 적이 있는가'를 묻고 있으므로 '경험'을 나타낸다.

07 ④ | '사라져서 지금은 없다'는 의미이므로 '결과'를 나타낸다.

08 ① | '쭉 통증이 있었는지'를 묻고 있으므로 '계속'을 나타낸다.

09 ④ | '책을 주었고 더는 가지고 있지 않다'는 내용이므로 '결과'를 나타낸다.

10 ① | '쭉 일해왔다'는 내용이므로 '계속'에 해당한다.

11 ② | '본 적이 있다'는 뜻이므로 '경험'을 나타낸다.

12 ③ | '이미 보내놓았다'는 의미이므로 '완료'를 나타낸다.

내 친구들 중 한 명이 / 최근에 대학 졸업을 했다.

05 One [of my friends] / **has** *recently* **graduated** from college.

S   V

너는 TV 스타를 만나본 적이 있니 / 직접?

06 **Have** you *ever* **met** any TV star / in person?

내 음악 애플리케이션이 사라졌다 / 휴대전화에서, //

07 My music app **has disappeared** / from my cell phone, //

그래서 난 음악을 들을 수 없다.

so I can't listen to music.

얼마나 오랫동안 통증이 있었습니까 / 당신의 손목에?

08 *How long* **have** you **had** the pain / in your wrist?

난 더는 동화책을 가지고 있지 않다.

09 I don't have fairy tale books any longer.

엄마가 그것들을 주었다 / 내 사촌에게

Mom **has given** them / to my cousin.

09
not ~ any longer[more] 더는
~ 않다

데니스는 비행기 조종사로 일해왔다 / 22년 동안.

10 Dennis **has worked** as a pilot / *for* 22 years.

쿠바에서 온 이 아이들은 / 전에는 눈을 한 번도 본 적이 없다.

11 These kids from Cuba / **have** *never* **seen** snow *before*.

나는 이미 당신에게 사진들을 보냈습니다 / 이메일로. 받으셨습니까?

12 I **have** *already* **sent** you the photos / by e-mail. Did you get them?

EXERCISES

본문 p.23

A 04 **haven't eaten** │ 지금 배고프다고 하므로, 과거와 현재를 연결해주는 현재완료 시제가 적절.

05 **had not booked** │ 과거에 방을 구할 수 없었던 것은 그보다 더 전에 예약을 하지 않았기 때문이므로 과거완료 시제가 적절.

06 **have done** │ 지금 마음이 놓인다고 하므로 현재완료 시제가 적절.

07 **have lost** │ 지금 문을 열 수가 없다고 하므로 현재완료 시제가 적절.

08 **had had** │ 고장 난 것이 과거이고, 그 시점까지 10년 동안 탄

것이므로 과거완료 시제가 와야 한다.

09 **had already left** │ 기차역에 도착한 것이 과거이고, 그 전에 기차가 떠났으므로 과거완료 시제가 적절.

10 **had never seen** │ 제주도에 간 것이 과거이고, 그전까지 본 적이 없는 것이므로 과거완료 시제가 적절하다.

11 **have watched** │ (과거부터) 지금까지 몇 년간 본 것이므로 현재완료 시제로 써야 한다.

12 **had known** │ 결혼한 것이 과거이고, 그때까지 10년 동안 알고 지낸 것이므로 과거완료 시제가 와야 한다.

04
나는 아무것도 먹지 않았다 / 점심 이후로. 나는 배가 무척 고프다.
I **haven't eaten** anything / since lunch. I'm so hungry.

04
현재완료 〈계속〉

05
우리는 호텔 방을 구할 수 없었다 // 예약을 하지 않았기 때문에 /
We couldn't get a hotel room // because we **had not booked** /
미리.
in advance.

05
대과거

06
나는 방학숙제를 막 끝냈다. 이제 마음이 놓인다.
I **have done** my vacation homework. I feel relieved now.

06
현재완료 〈완료〉

07
나는 열쇠를 잃어버렸다 // 그래서 문을 열 수가 없다.
I **have lost** my key, // so I can't open the door.

07
현재완료 〈결과〉

08
우리 가족은 그 차를 탔다 / 10년 동안 // 그것이 고장 나기 전까지.
My family **had had** that car / for ten years // before it broke down.

08
과거완료 〈계속〉

09
내가 기차역에 도착했을 때쯤, // 기차는 이미 떠나버렸다.
By the time I arrived at the train station, // the train **had** already **left**.

09
과거완료 〈완료〉

10
그렇게 아름다운 바닷가를 본 적이 없었다 // 내가 제주도에 가기 전까지.
I **had** never **seen** such a beautiful beach // before I went to Jeju Island.

10
과거완료 〈경험〉

11
나는 해리포터 영화를 여러 번 봤다 /
I **have watched** Harry Potter movies several times /
지난 몇 년간.
over the last few years.

11
현재완료 〈경험〉

12
그 커플이 결혼했을 때, // 그들은 알고 지내오고 있었다 /
When the couple got married, // they **had known** each other /
10년 동안.
for 10 years.

12
과거완료 〈계속〉

EXERCISES

본문 p.25

A **05** O | 생산성은 '향상되는' 것이므로 수동태인 will be improved 가 옳다.

06 X, is thought to be

07 X, will stop | 내가 '잠깐 들르는' 것이므로 stop이 되어야 한다. stop by는 '~에 잠깐 들르다'의 의미.

08 O | 날씨가 '예상되는' 것이므로 수동태가 알맞다.

09 X, would be included | 문제가 '포함되는' 것이므로 수동태로 써야 한다.

10 O

11 X, should be turned off | 전등과 컴퓨터가 '끄는' 것이 아니라 '꺼지는' 것이므로 수동태로 써야 한다.

12 O | 노인들이 '보살핌을 받는' 것이므로 수동태가 옳다.

그 회사의 생산성은 향상될 것이다 /
05 The company's productivity **will be improved** /
새로운 전략을 도입함으로써.
by introducing a new strategy.

05
by v-ing: v함으로써

로즈는 (~라고) 생각된다 / 가장 빠른 학생이라고 / 그녀의 학교에서.
06 Rose **is thought** / *to be* the fastest student / in her school.

06
(= It is thought that Rose is the fastest student in her school.)

내가 너의 아파트에 잠깐 들를 것이다 / 책을 몇 권 빌리기 위해서.
07 I will stop by your apartment / to borrow some books.

날씨가 좋을 것으로 예상된다 / 나의 소풍 날.
08 The weather **is expected** *to be* fine / on the day of my field trip.

선생님이 말씀하셨다 // 약간의 복잡한 문제들이 포함될 거라고 /
09 My teacher said // that some complicated questions **would be included** /
기말고사에.
in the final exam.

사람들은 말한다 // 천 마디 말보다 한 번 보는 게 낫다고.
10 It **is said** that // a picture is worth a thousand words.

10
(= A picture is said to be worth a thousand words.)

전등과 컴퓨터는 꺼져 있어야 한다 // 그것을 사용하지 않을 때는.
11 Lights and computers **should be turned off** // when you aren't using them.

11
turn off는 구동사이므로 수동태로 쓸 때 한 덩어리로 취급한다.

이 마을의 노인들은 / 보살핌을 받는다 / 자원봉사자들에 의해.
12 Elderly people in this town / **are taken care of** / by volunteer workers.

12
take care of는 구동사이므로 수동태로 쓸 때 한 덩어리로 취급한다.

Point 07 조동사

EXERCISES

본문 p.27

A 04 should | 과거에 했어야 하는데 하지 않은 일에 대한 유감을 나타내고 있으므로 should have p.p.가 알맞다.

05 must | 문맥상 강한 추측을 표현하는 것이 적절하므로 must have p.p.가 되어야 한다.

06 could | 문맥상 '과거에 ~했을 수도 있다'는 뜻의 could have p.p.가 적절하다.

B 07 X, used to be | 문맥상 '~하곤 했다'라는 말이 자연스러우므로 used to be가 되어야 한다.

08 X, must have stayed | 지금 매우 피곤해 보인다고 했으므로

과거에 대한 강한 추측을 나타내는 must have p.p.로 고쳐야 자연스럽다.

09 O

10 O | 결혼 전에 어땠는지를 표현하고 있으므로 used to가 알맞게 쓰였다.

11 X, had better not | had better의 부정형은 had better not이다.

12 O | '~하는 데 익숙하다'는 뜻의 be used to v-ing가 알맞게 쓰였다.

제이슨 식당의 피자는 아주 맛있었어.　　　　너도 거기 왔어야 해.
04 The pizza at Jason's restaurant was great. You **should have been** there.

그는 이 길을 지나갔음이 틀림없다　//　　다른 길이 없기 때문에.
05 He **must have passed** this way // because there is no other road.

나는 재산을 모았을 수도 있다　/　자동차 판매원으로서 //
06 I **could have made** a fortune / as a car salesman, //
하지만 나는 소설가가 되었다.
but I became a novelist.

06
여기서 as는 '~로서'라는 뜻의 전치사.

예전에는 큰 나무가 있었다　/　이 연못 옆에.
07 There **used to** be a big tree / next to this pond.

그녀는 매우 피곤해 보인다.　　그녀는 파티에 늦게까지 있었음이 틀림없다　/　어젯밤에.
08 She looks very tired. She **must have stayed** late at the party / last night.

앤더슨 씨는 매우 바쁩니다.　지금 당신과 이야기하실 수 없습니다.
09 Mr. Anderson is very busy. He **cannot speak** to you now.

우리 엄마는 고양이 여섯 마리를 키우셨다 //　　결혼하시기 전에.
10 My mom **used to** keep six cats // before she got married.

그는 믿을 만해 보이지 않는다.　　네가 그에게 의지하지 않는 편이 좋겠다.
11 He doesn't seem trustworthy. You **had better not** depend on him.

매트는 말하는 데 익숙하다　/　많은 사람들 앞에서.
12 Matt **is used to speaking** / in front of many people.
그가 우리의 발표자가 되어야 한다.
He should be our presenter.

EXERCISES

본문 p.29

A **04** O

05 X, would | 문맥상 가정법 과거 시제가 알맞으므로 would로 써야 한다.

06 O | 과거 사실과 반대되는 일을 가정하고 있으므로 가정법 과거완료 시제가 알맞다.

07 O

08 X, had been

09 X, had snowed

10 O | 현재의 소망을 말하고 있으므로 동사의 과거형이 적절하게 쓰였다.

11 O | 과거에 대한 소망을 말하고 있으므로 had p.p.가 적절하게 쓰였다.

12 X, were[was] | 내일이 토요일이길 바라는 건 현재의 소망이므로 동사의 과거형으로 써야 한다. was는 주로 구어체에서 쓰이는 표현이다.

나는 너희 밴드에 들어갈 텐데 // 만약 내가 기타를 연주할 줄 안다면.

04 I **would join** your band // if I **knew** how to play the guitar.

벌레가 이렇게 많지 않다면, // 완벽한 밤일 텐데.

05 If there **weren't** so many bugs, // it **would be** a perfect night.

만약 그녀가 강한 동기를 가졌다면, // 그녀는 더 열심히 연습했을 텐데.

06 If she **had had** strong motivation, // she **might have practiced** harder.

만약 네가 지금 캐나다에 있다면, // 넌 가장 아름다운 단풍을 즐길 수 있을 텐데.

07 If you **were** in Canada now, // you **could enjoy** the most beautiful autumn leaves.

나는 당신을 고용하지 않았을 것이다 // 만약 당신이 면접에 늦었다면.

08 I **would not have hired** you // if you **had been late** for the interview.

만약 어젯밤에 눈이 내렸다면, // 우리는 눈싸움을 할 수 있었을 텐데.

09 If it **had snowed** last night, // we **could have had** a snowball fight.

(~라면) 좋을 텐데 // 내가 보낼 시간이 더 많으면 / 이곳 스페인에서 /

10 I *wish* // I **had** more time to spend / here in Spain /

한국으로 돌아가기 전에.

before I go back to Korea.

그는 바란다 // 해외여행을 많이 해봤기를 / 더 젊을 때

11 He *wishes* // he **had traveled** overseas a lot / when he was younger.

(~라면) 좋을 텐데 // 내일이 토요일이라면.

12 I *wish* // it **were[was]** Saturday tomorrow.

04
「의문사+to-v」는 대개 「의문사+S+should+v」로 바꿔 쓸 수 있다.

Point 09 명사를 수식하는 어구

EXERCISES

본문 p.31

A 05 about the earthquake in Thailand
 06 stolen from the department store
 07 needed to prepare for the trip
 08 to visit

 09 different from yours
 10 without enough water for their populations
 11 from a local farm
 12 covered with dust

그 뉴스를 들었니   [태국에서 난 지진에 관한]?
05 Did you hear *the news* [**about the earthquake in Thailand**]?

경찰이 그의 집을 수색했다 / 그리고 보석을 발견했다
06 The police searched his house / and found *the jewels*
[백화점에서 도난당한].
[**stolen from the department store**].

> **06**
> 보석은 '도난당한' 것이므로 과거분사구(stolen~store)가 the jewels를 수식하고 있다.

이 블로그가 당신에게 줄 것이다 / 유용한 정보를
07 This blog will give you / *useful information*
[여행을 준비하는 데 필요한].
[**needed to prepare for the trip**].

아주 아름다운 성당이 있었다   [방문할] / 리스본에.
08 There was *a very beautiful Catholic church* [**to visit**] / in Lisbon.

중요한 결정을 내리기 전에, // 여러 의견을 들어보는 것이 낫다
09 Before making a big decision, // it's better to hear *many opinions*
[당신 의견과 다른].
[**different from yours**].

> **09**
> it은 가주어, to 이하는 진주어이다.
>
> yours = your opinion

국가들이 많다   [그들의 국민들을 위한 충분한 물이 없는].
10 There are *many countries* [**without enough water for their populations**].

채소들은   [지역 농장에서 온] / 더 신선하고 더 저렴하다.
11 *Vegetables* [**from a local farm**] / are fresher and cheaper.

나의 오래된 책들이   [먼지로 뒤덮인] / 커다란 상자에 있었다.
12 *My old books* [**covered with dust**] / were in a big box.

> **12**
> 주어가 My old books로 복수이기 때문에 복수 동사 were가 왔다.

EXERCISES

본문 p.33

A 05 ①
06 ②
07 ①
08 ③

09 ③
10 ②
B 11 good enough
12 too boring

05
너는 훨씬 더 열심히 운동해야 한다 / 근육을 더 강화하기 위해서.
You should work out much harder / **to build up muscles**.

06
엄마는 기뻐하셨다 / 초등학교 때 반 친구로부터 소식을 듣고.
My mom was *pleased* / **to hear from her elementary school classmate**.

07
숙면을 취하기 위해서, / 나는 매일 밤 스트레칭을 한다 / 잠자리에 들기 전에.
To have a deep sleep, / I do stretching every night / before going to bed.

08
이 지역의 수돗물은 / 마시기에 안전하지 않다 // 적절히 처리되기 전에는.
Tap water in this area / is not *safe* [**to drink**] // until it is treated properly.

09
샌드위치는 비싸지 않다 / 그리고 쉽다 [준비하기에].
Sandwiches are inexpensive / and *easy* [**to prepare**].

10
그 여배우는 충격을 받았다 / 기사를 읽게 되어서
The actress was *shocked* / **to read an article**
[그녀가 가장 좋아하는 영화감독의 죽음에 관한].
[**about her favorite movie director's death**].

11
그녀의 스페인어 실력은 충분히 좋다 / 이 TV 프로그램을 이해할 만큼.
Her Spanish is *good enough* / **to understand this TV show**.

12
교장 선생님의 연설은 너무 지루했다 / 깨어 있기에.
The principal's speech was *too boring* / **to stay awake**.

05
much, even, far, a lot, still 등은 비교급을 수식하여 '훨씬'이라는 뜻으로 해석된다.

08
「not ~ until ...」: …해야 비로소 ~하다, …하기 전에는 ~하지 않다

10
about ~ death가 an article을 수식하고 있다.

EXERCISES

본문 p.35

A	04	When		B	09	X, Walking
	05	Because			10	O
	06	If			11	O
	07	When			12	X, Invited
	08	and				

공항에 도착했을 때 / 네 이모에게 전화해야 한다.

04 Arriving at the airport, / you should call your aunt.

이모가 널 데리러 나올 거야.
She will pick you up.

04
문맥상 '도착했을 때, 도착하면'이 적절하다.

고등학생이기 때문에, / 너는 박물관 입장권을 얻을 수 있다 / 공짜로.

05 Being a high school student, / you can get the museum ticket / for free.

많이 복용하면, / 이 약은 두통을 유발할 수도 있다.

06 Taken in large number, / these pills may cause a headache.

06
문장의 주어인 these pills는 '복용 되는' 것이므로 수동형 분사구문이 쓰였다.

화재 경보를 들었을 때, / 그녀는 극장 밖으로 뛰어나왔다 /

07 Hearing the fire alarm, / she ran out of the theater /

최대한 재빠르게.
as quickly as possible.

07
as ~ as possible = as ~ as+주어 +can[could]: 가능한 한 ~한[하게]

그들은 자신들의 콘서트를 취소했다 / 콘서트 당일에 /

08 They canceled their concert / on the day of the concert, /

그리고 수천 명의 사람들을 화나게 만들었다.
making thousands of people angry.

호수 주변을 걷고 있을 때 / 나는 나의 삼촌을 우연히 만났다.

09 Walking around the lake, / I ran into my uncle.

09
(= *When[As] I was walking* around the lake, I ran into my uncle.)

자신의 친구와 전화통화를 하면서 / 그는 쿠키를 굽고 있다.

10 Talking to his friend on the phone, / he is baking cookies.

10
(= *As he is talking* to his friend on the phone, he is baking cookies.)

똑똑하고 현명해서, / 그녀는 가장 인기있는 사람 중 한 명이다 / 이 사무실에서.

11 Smart and wise, / she is one of the most popular people / in this office.

11
(= *Being smart and wise*, she is ~.)
(= *Because she is smart and wise*, she is~.)

에밀리의 결혼식에 초대받았기 때문에 / 이번 토요일에 너와 함께 경주에 가지 못한다.

12 Invited to Emily's wedding, / I can't go to Gyeongju with you this Saturday.

12
(= *Having been invited* to Emily's wedding, I can't ~.)
(= *Because I was invited* to Emily's wedding, I can't ~.)

EXERCISES

본문 p.37

A	05 if	09	Now that
	06 after	10	as long as
	07 While	11	Unless
	08 as	12	Since

05
10% 할인을 받을 수 있다 　　//　　네가 오늘 이 코트를 산다면.
You can get 10% off the price // **if you buy this coat today**.

06
트럭 운전사는 도망갔다 　　//　　길에서 한 사람을 친 후에.
The truck driver ran away // **after he hit a person on the street**.

07
내가 다양한 종류의 스포츠를 좋아하는 반면, 　//　 우리 오빠는 그렇지 않다.
While I like various kinds of sports, // my brother doesn't.

07
doesn't = doesn't like various kinds of sports

08
그들은 큰 화재를 목격했다 　//　 다리를 건널 때.
They witnessed a big fire // **as they crossed the bridge**.

09
프로젝트가 성공적으로 끝났으므로, 　　　　//
Now that the project is successfully finished, //
우리는 며칠 휴가를 낼 수 있다.
we can take some days off.

10
난 어떤 활동이든 시도해보는 건 괜찮다 // 그것이 안전하고 재미있기만 하다면.
I don't mind trying any activity // **as long as it's safe and fun**.

11
추가 질문이 없으시다면 　　//　 저는 지금 떠나겠습니다.
Unless you have any further questions, // I am going to leave now.

11
unless는 if ~ not의 의미.
(= If you don't have any ~)

12
당신은 체중을 조금 늘려야 하니까, 　// 음식을 더 먹으려고 노력하세요.
Since you need to gain some weight, // try to have more food.

Point 13 관계사절

EXERCISES

본문 p.39

A 05 <u>people</u>, [who attended the contest last week]

06 <u>some carrot cake</u>, [which I made yesterday]

07 <u>the place</u>, [where I used to come when I was in high school]

08 <u>the reason</u>, [why he couldn't wait for her]

09 <u>the day</u>, [when you sang this song for me]

B 10 Helsinki

11 Jennifer Lawrence

12 My brother lost his job two months ago

05 　　　사람들의 사진을 찾을 수 없다　　　　　　　[지난주에 대회에 참석한].
I can't find the picture of *people* [**who attended the contest last week**].

06 　　　당근 케이크 좀 먹겠니　　　　　　[내가 어제 만든]?
Do you want to eat *some carrot cake* [**which I made yesterday**]?

07 　이 공원은 그 장소이다　　[내가 오곤 했던　/　고등학교에 다닐 때].
This park is *the place* [**where I used to come** / **when I was in high school**].

08 　그녀의 아버지는 그녀에게 이유를 말했다　　[그녀를 기다릴 수 없었던].
Her father told her *the reason* [**why he couldn't wait for her**].

09 　난 아직 그날을 기억한다　　[네가 나를 위해 이 노래를 불러주었던].
I still remember *the day* [**when you sang this song for me**].

10 　이 비행기는 헬싱키로 가고 있는데,　// 　그곳에서 당신은 볼 수도 있다 /
This plane is heading to *Helsinki*, // **where you may see** /
　　북극광을　　/　운이 좋으면.
the Northern Lights / **with luck**.

11 　나는 지금 막 제니퍼 로렌스를 만났는데,　//　그 사람은 유명한 할리우드 여배우이다.
I have just met *Jennifer Lawrence*, // **who is a famous Hollywood actress**.

12 　내 남동생이 두 달 전에 실직했고,　// 　그것이 우리 엄마를 우울하게 만들었다.
My brother lost his job two months ago, // **which made my mom depressed**.

12
which가 이끄는 관계대명사절이 앞 문장 전체를 보충 설명하고 있다.

EXERCISES

본문 p.41

A 05 Their second album, their first one

06 Swimming in the pool of this resort, swimming in the sea

07 Laos, Vietnam

08 mineral water, beer

09 The number of Internet users in 2010, that of 2000

B 10 O

11 O

12 X, most expensive | 문맥상 최상급이 되어야 하므로 most expensive로 고쳐야 한다.

그들의 두 번째 앨범은 약 세 배 더 팔렸다 / 그들의 첫 번째 것보다.

05 Their second album sold about **_three times_ more** / **than** their first one.

05
(= Their second album sold about three times as many as their first one.)
one = album

이 리조트 수영장에서 수영하는 게 더 재미있다 /

06 Swimming in the pool of this resort is **more exciting** /
바다에서 수영하는 것보다.
than swimming in the sea.

이 TV 프로그램 (방송) 이후로, / 라오스는 베트남만큼 인기가 많아졌다 /

07 After this TV show, / Laos became **as** _popular_ **as** Vietnam /
관광지로서.
as a travel destination.

07
as a travel destination에서 as는 '~로서'라는 뜻의 전치사.

유럽의 많은 나라들에서, / 생수는 맥주만큼 싸지 않다 (맥주보다 비싸다).

08 In many countries of Europe, / mineral water is **_not_ as** _cheap_ **as** beer.

2010년의 인터넷 이용자 수는 / 5배 더 많았다 /

09 The number [of Internet users in 2010] / was **_five times_ as** _large_ /
2000년의 수보다.
as that of 2000.

09
that of 2000 = the number of Internet users in 2000

사람의 오른쪽 폐는 / 왼쪽 폐보다 더 크다.

10 The right lung of a human / is **larger than** the left one.

그들의 제품과 서비스는 / 우리 것만큼 매력적이지 않다.

11 Their products and services / are **_not_ so** _attractive_ **as** ours.

11
ours = our products and services

뉴욕은 살기에 가장 비싼 도시이다 / 세상에서.

12 New York is **the most expensive** city [to live] / in the world.

12
to live가 the most expensive city를 수식하여 'v할'의 의미로 쓰였다.

EXERCISES

본문 p.43

A 04 a small second-hand bookstore
　 05 he
　 06 the days when you needed an operator to place a phone call
　 07 I

　 08 a famous cafe that sells delicious cookies
　 09 I (Hardly do I의 I)
B 10 for five years
　 11 the owner of this restaurant
　 12 because you are short of nutrients

　　　　그 크고 오래된 교회 앞에는　　　/　　　작은 중고서점이 있다.
04 In front of the big old church / *is a small second-hand bookstore.*
　　　　장소를 나타내는 부사구　　　　V　　　　　S

　　　　그 편지를 여러 번 읽은 후에야　　　/　　　그는 이해했다　　/
05 Only after reading the letter several times / *did he understand* /
　　　　부정어 포함 어구　　　　　　　　조동사 S　　　V

그녀가 왜 그를 떠났는지.
why she left him.

　　　　그 날들은 가버렸다　　　[전화 교환원이 필요했던　　/　　전화를 걸기 위해서].
06 Gone *are the days* [*when you needed an operator* / *to place a phone call*].
　　　C　　V　　　　　　　　　　　S

　　　　난 똑같은 실수를 절대 다시 저지르지 않겠어.
07 Never *will I make* the same mistake again.

　　　　새로 지은 건물 바로 옆에　　　/　　유명한 카페가 있다
08 Right next to the new building / *is a famous cafe*
　　　　[맛있는 쿠키를 파는].
　　　　[*that sells delicious cookies*].

　　　　나는 거의 기억나지 않는다　　/　　그 날이　　　[내가 고등학교를 졸업하던].
09 Hardly do I remember / *the day* [*I graduated from high school*].

　　　바로 5년 동안이다. //　　내가 작업해오고 있는 것이　　/ 이 프로젝트를 끝내기 위해서.
10 It is *for five years* // **that** I have been working / to finish this project.

　　　바로 이 레스토랑의 주인이다　　//　　나에게 영어를 가르쳤던 사람은　　/
11 It is *the owner of this restaurant* // **who** used to teach English to me /
　　　몇 년 전에.
　　　several years ago.

　　　바로 영양소가 부족하기 때문이다　　//　　손톱이 쉽게 부러지는 것은.
12 It is *because you are short of nutrients* // **that** your fingernails are easily broken.

05
의문사 why가 이끄는 명사절이 understand의 목적어로 쓰였다.

06
when이 이끄는 관계부사절(when ~ call)이 the days를 수식하고 있다.

09
the day 뒤에 관계부사 when이 생략되었다.

10
(← I have been working to finish this project for five years.)

11
(← The owner of this restaurant used to teach ~.)
강조되는 대상이 사람인 경우에는 that 대신 who를 쓸 수도 있다.

12
(← Because you are short of nutrients, your fingernails are easily broken.)

EXERCISES

본문 p.45

A 05 in essence
06 to be exact
07 which more than 80 people attended
08 playing a computer game in his room
B 09 The news, that someone was making fake eggs and

selling them
10 The Vatican, the smallest country in the world
11 depression, a mental disorder
12 the possibility, that dolphins are able to be trained to communicate like humans

---

그녀가 만들고 싶어 했던 것은,   /   (본질적으로),   /   환경이었다

05 What she wanted to create, / (**in essence**), / was an environment

[학생들이 자유롭게 의견을 교환할 수 있는].

[where students can exchange their opinions freely].

05
관계대명사 what이 이끄는 절이 주어로 쓰였다.

관계부사 where가 이끄는 절이 an environment를 수식하고 있다.

면접은 진행되었다   /   (정확히 말해서),   /   107분 동안.

06 The job interview lasted, / (**to be exact**), / for 107 minutes.

난 리어왕의 오디션을 보았다,   //   (80명이 넘는 사람들이 참가한),   /

07 I had an audition for *King Lear*, // (**which more than 80 people attended**), /

지난 주말에.

last weekend.

07
which가 이끄는 관계사절이 문장 중간에 삽입되어 an audition for *King Lear*를 보충 설명하고 있다.

내 남동생은,   /   (방에서 컴퓨터 게임을 하고 있는데),   /

08 My little brother — / (**playing a computer game in his room**) — /

공부에 관심이 없다.

is not interested in studying.

그 뉴스는   //   누군가가 가짜 달걀을 만들어서 팔고 있다는   /

09 *The news* // **that someone was making fake eggs and selling them** /

충격적이었다.

was shocking.

바티칸은,   /   세계에서 가장 작은 나라인데,   /   이탈리아 로마에 위치해 있다.

10 *The Vatican*, / **the smallest country in the world**, / is located in Rome, Italy.

그들은 도우려고 애쓰고 있다 /   사람들이 우울증에서 회복하도록   /   정신질환인.

11 They are trying to help / people recover from *depression*, / **a mental disorder**.

11
help의 목적어로 people이, 목적격보어로 원형부정사 recover가 쓰였다.

연구원들은 가능성을 탐색해왔다   //   돌고래들이

12 Researchers have explored *the possibility* // **that dolphins are**

훈련받을 수 있는   /   사람들처럼 의사소통하도록.

able to be trained / to communicate like humans.

고교영어 절대평가

PLAN A

어법 정답 및 해설

Point 01 정동사 vs. 준동사

EXERCISES

본문 p.52

A 01. Keeping 02. demanded 03. running 04. to make
05. read 06. love 07. taking 08. Creating
B 01. X / experience 02. X / to purchase 03. X / show
또는 will show 04. O

A

01 정답 **Keeping**
해석 사용하고 있지 않을 때는 렌즈를 덮어두는 것이 권장된다.
해설 문장의 동사 is recommended가 있으므로 준동사 Keeping이 오는 것이 적절. 동명사 Keeping이 이끄는 동명사구(Keeping ~ not in use)가 문장의 주어로 쓰였다.

02 정답 **demanded**
해석 화요일에 청바지를 구매한 그 손님은 환불을 요구했다.
해설 주어 The customer와 호응하는 문장의 동사가 없으므로 demanded가 오는 것이 적절. 여기서 bought는 문장의 동사가 아니라 The customer를 수식하는 주격 관계대명사절 내 동사임에 주의한다.

The customer [who bought the jeans on Tuesday]
S
demanded a refund.
V

03 정답 **running**
해석 다리 밑으로 흐르는 물소리는 항상 내 주의를 끈다.
해설 문장의 동사 grabs가 있으므로 준동사 running이 오는 것이 적절. 현재분사 running이 이끄는 현재분사구(running ~ bridge)가 명사구 The sound of the water를 수식한다.

04 정답 **to make**
해석 진전을 이루려면 새로운 도전들을 받아들여야 한다.
해설 문장의 동사 should accept가 있으므로 준동사 to make가 오는 것이 적절. 여기서 to make는 '~하기 위해'라는 뜻의 목적을 나타내는 to부정사의 부사적 용법으로 쓰였다.

05 정답 **read**
해석 풍부한 어휘력을 키우고 싶다면, 다양한 잡지와 신문을 읽어라.
해설 접속사 if가 이끄는 부사절 뒤에 이어지는 주절에 동사가 없으므로 동사 자리. 따라서 명령문을 이끄는 동사원형 read가 오는 것이 적절하다.

06 정답 **love**
해석 이번 조사는 노인들이 시골에 살기를 선호한다는 것을 보여준다.
해설 접속사 that이 이끄는 명사절 내에 동사가 없으므로 love가 오는 것이 적절. 접속사 that이 이끄는 명사절이 문장의 동사 shows의 목적어로 쓰였다.

This survey shows **that** old people⁵ love ⱽ to live ~.
S V O

07 정답 **taking**
해석 그는 명상을 위해 눈을 감았고, 코를 통해 심호흡했다.
해설 문장의 동사 closed가 있으므로 접속사나 관계사 없이 또 다른 동사가 올 수 없다. 따라서 준동사 taking이 쓰여 분사구문이 되어야 한다.

08 정답 **Creating**
해석 전기에너지를 생성하는 것은 또한 환경적인 문제도 일으킨다.
해설 문장의 동사 creates가 있으므로 준동사 Creating이 오는 것이 적절. 동명사 Creating이 이끄는 동명사구(Creating ~ energy)가 문장의 주어로 쓰였다.

B

01 정답 **X / experience**
해석 카페인에 민감한 일부 사람들은 심장 박동수 상승을 경험한다.
해설 앞의 동사 are는 주어 Some people을 수식하는 관계대명사절(who ~ caffeine) 내 동사이고, 주어에 호응하는 문장의 동사가 없으므로 experiencing을 experience로 고쳐야 적절하다.

02 정답 **X / to purchase**
해석 우리는 집을 사기 위해 돈을 모으고 있다. 우리의 꿈은 우리 소유의 집을 갖는 것이다.
해설 문장의 동사 are saving이 있으므로 관계사나 접속사 없이 또 다른 동사가 올 수 없다. 따라서 준동사 자리이며, 문맥상 '사기 위해'라는 뜻을 나타내므로 목적을 나타내는 to부정사인 to purchase로 고쳐야 적절하다.

03 정답 **X / show** 또는 **will show**
해석 당신의 직감을 신뢰할 때, 생각지 않은 곳에서 기회들이 나타난다 [나타날 것이다].
해설 접속사 When이 이끄는 부사절 뒤에 이어지는 주절의 주어 opportunities와 호응하는 동사가 없으므로 showing을 show 또는 will show로 고쳐야 적절하다.

04 정답 **O**
해석 다행히도, 캠핑을 너무나 좋아하는 우리 형이 이번 주말에는 캠핑 갈 계획이 없어서 우리는 형의 텐트를 빌릴 수 있다.
해설 문장의 동사는 has이며, to go가 이끄는 to부정사구(to go ~ weekend)가 앞의 명사구 plans를 수식하는 형용사적 용법으로 적절히 쓰였다.

EXERCISES

본문 p.56

A 01. listen   02. to give up   03. sailing   04. gives
05. build   06. adding
B 01. O   02. X / saved   03. X / do   04. X / make   05. O
06. X / go

A

01 정답 **listen**

해석 긴장할 때는 숨을 깊이 들이쉬거나 차분한 음악을 들으세요.

해설 두 개의 명령문이 접속사 or로 연결된 병렬구조로, 동사원형 take와 대등한 형태인 listen이 오는 것이 적절하다.

02 정답 **to give up**

해석 그녀는 그 명령에 따르더라도 자신의 꿈은 포기하지 않기로 결정했다.

해설 동사 decided의 목적어로 쓰인 두 개의 to부정사구가 접속사 but으로 연결된 병렬구조로, to follow와 대등한 형태인 to give up이 오는 것이 적절하다.

03 정답 **sailing**

해석 나는 낡은 돛단배 한 척을 사서 세상을 두루 항해하는 것을 꿈꿔왔다.

해설 전치사 about의 목적어로 쓰인 두 개의 동명사구가 접속사 and로 연결된 병렬구조로, buying과 대등한 형태인 sailing이 오는 것이 적절하다.

04 정답 **gives**

해석 어두운 조명에서 글을 읽는 것은 당신의 눈을 피로하게 하고 두통을 일으킨다.

해설 두 개의 동사구가 접속사 and로 연결된 병렬구조로, makes와 대등한 형태인 gives가 오는 것이 적절하다.

05 정답 **build**

해석 시(市)는 그 문제를 해결하기 위해 더 많은 경찰관을 교육하거나 더 안전한 주택을 공급할 필요가 있다.

해설 동사 needs의 목적어로 쓰인 두 개의 to부정사구가 접속사 or로 연결된 병렬구조로 to train과 대등한 형태인 to build가 오는 것이 적절하나, 등위접속사로 연결된 to부정사의 to는 생략할 수 있으므로 build가 와야 한다.

06 정답 **adding**

해석 친구들로부터 아이디어를 얻고 당신만의 아이디어를 그들의 것에 더함으로써, 당신만의 스타일을 만들어낼 수 있다.

해설 전치사 by의 목적어로 쓰인 두 개의 동명사구가 접속사 and로 연결된 병렬구조로, getting과 대등한 형태인 adding이 오는 것이 적절하다.

B

01 정답 **O**

해석 당신은 블로그에서 당신의 이야기를 자유롭게 공유하거나 비공개로 유지할 수 있습니다.

해설 두 개의 동사구(can ~ freely, (can) keep ~ private)가 접속사 or로 연결된 병렬구조로, 반복되는 조동사(can)가 생략된 keep이 적절히 쓰였다.

02 정답 **X / saved**

해석 배리는 깊이 쌓인 눈 속에 있던 많은 사람을 발견해 그들의 생명을 구했다.

해설 두 개의 동사구가 접속사 and로 연결된 병렬구조로, found와 대등한 형태인 saved로 고쳐야 적절하다.

03 정답 **X / do**

해석 나는 소설책 몇 권을 읽거나, 산책하거나, 내가 원하는 어떤 일이든 하고 싶을 뿐이다.

해설 동사 want의 목적어로 쓰인 세 개의 to부정사가 접속사 or로 연결된 병렬구조. 등위접속사로 연결된 to부정사의 to는 생략할 수 있는데, 앞에 to가 생략된 형태인 take가 연결되었으므로 doing을 do로 고쳐야 적절하다.

04 정답 **X / make**

해석 도전은 당신에게 많은 에너지를 주고 당신의 삶을 의미 있게 만든다.

해설 두 개의 동사구가 접속사 and로 연결된 병렬구조로, making을 give와 대등한 형태인 make로 고쳐야 적절하다.

05 정답 **O**

해석 만화는 이야기를 해주거나 메시지를 주는 그림이다.

해설 관계대명사 that이 이끄는 주격 관계대명사절(that ~ messages)에서 두 개의 동사구가 접속사 or로 연결된 병렬구조로, 동사 tell과 대등한 형태인 give가 적절히 쓰였다.

06 정답 **X / go**

해석 오늘날은, 사람들이 더 오래 일하고, 밤에 회의를 가고, 저녁을 늦게 먹고, 텔레비전을 보거나, 늦은 시간에 외출한다.

해설 다섯 개의 동사구가 접속사 or로 연결된 병렬구조로, going을 work, go, eat, watch와 대등한 형태인 go로 고쳐야 적절하다.

Point 03 능동의 v-ing vs. 수동의 p.p.

EXERCISES
본문 p.60

A 01. Frozen 02. traveling 03. displayed 04. restricting
05. Sleeping 06. Writing 07. Impressed 08. showing
B 01. X / produced 02. O 03. O 04. X / raised

A

01 정답 **Frozen**
해석 얼린 과일은 건강한 디저트로서 아이스크림을 대체할 수 있다.
해설 '과일'이 '얼려지는' 것이므로 fruit와 freeze는 수동 관계. 따라서 과거분사 Frozen이 오는 것이 적절하다.

02 정답 **traveling**
해석 눈보라는 휴일을 맞아 집으로 가는 모든 사람에게 영향을 주었다.
해설 '모든 사람'이 '(여행)가는' 것이므로 everyone과 travel은 능동 관계. 따라서 현재분사 traveling이 오는 것이 적절하다.

03 정답 **displayed**
해석 벽에 진열된 사진은 우리가 스위스에서 찍은 것이다.
해설 '사진'이 '진열되는' 것이므로 The picture와 display는 수동 관계. 따라서 과거분사 displayed가 오는 것이 적절하다.

04 정답 **restricting**
해석 비닐봉지 사용을 제한하는 정부 정책은 차츰 효과를 보고 있다.
해설 '정부 정책'이 비닐봉지 사용을 '제한하는' 것이므로 A government policy와 restrict는 능동 관계. 따라서 현재분사 restricting이 오는 것이 적절하다.

05 정답 **Sleeping**
해석 대부분의 겨울 동안 잠을 자기 때문에, 곰들은 음식이나 물이 거의 없이도 생존할 수 있다.
해설 '곰들'이 '잠을 자는' 것이므로 분사구문의 의미상 주어 bears와 sleep은 능동 관계. 따라서 현재분사 Sleeping이 오는 것이 적절하다.

06 정답 **Writing**
해석 급하게 보고서를 작성해서, 그는 맞춤법 오류들을 알아채지 못했다.
해설 '그'가 보고서를 '작성하는' 것이므로 분사구문의 의미상 주어 he와 write는 능동 관계. 따라서 현재분사 Writing이 오는 것이 적절하다.

07 정답 **Impressed**
해석 그들은 그녀의 목소리에 감명받아서 그녀에게 오디션을 받으라고 권했다.
해설 '그들'이 목소리에 '감명받은' 것이므로 분사구문의 의미상 주어 they와 impress는 수동 관계. 따라서 과거분사 Impressed가 오는 것이 적절하다.

08 정답 **showing**
해석 좋은 보수를 받는 근로자들은 일반적으로 직장에서 더 행복해하며, 더 적은 보수를 받는 근로자들보다 더 많은 열정과 자신감을 보인다.
해설 '좋은 보수를 받는 근로자들'이 열정과 자신감을 '보여주는' 것이므로 분사구문의 의미상 주어 Well-paid workers와 show는 능동 관계. 따라서 현재분사 showing이 오는 것이 적절하다.

B

01 정답 **X / produced**
해석 매년 세계에서 생산된 음식의 3분의 1이 버려진다.
해설 '음식'이 '생산되는' 것이므로 the food와 produce는 수동 관계. 따라서 producing을 과거분사 produced로 고쳐야 적절하다.

02 정답 **O**
해석 주차금지 구역에 주차되어서, 그의 차는 견인되었다.
해설 '그의 차'가 '주차되는' 것이므로 분사구문의 의미상 주어 his car와 park는 수동 관계. 따라서 과거분사 Parked가 적절히 쓰였다.

03 정답 **O**
해석 영화관 안에 있는 다른 사람들을 방해하고 싶지 않아서, 나는 그녀의 귀에 속삭였다.
해설 '내'가 '원하지 않는' 것이므로 분사구문의 의미상 주어 I와 want는 능동 관계. 따라서 현재분사 wanting이 적절히 쓰였다.

04 정답 **X / raised**
해석 공장식 사육장에서 길러진 동물들은 끔찍한 학대를 당한다. 그것이 육류 섭취를 그만두어야 하는 타당한 이유이다.
해설 '동물들'이 '길러지는' 것이므로 Animals와 raise는 수동 관계. 따라서 raising을 과거분사 raised로 고쳐야 적절하다.

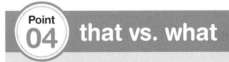

Point 04 that vs. what

EXERCISES
본문 p.64

A 01. What 02. that 03. what 04. that 05. that
06. what 07. that 08. that   B 01. X / what 02. O
03. X / which 또는 that 04. X / what

A

01 정답 **What**
해석 가장 중요한 것은 신체적인 외모가 아니라 내면의 아름다움이다.

해설 **What** matters most is not physical appearance ~.
　　　　S　　　　　　　　V

선행사가 없으며 뒤에 주어가 없는 불완전한 구조의 절이 이어지므로 관계대명사 What이 적절. What이 이끄는 명사절(What ~ most)이 문장의 주어로 쓰였다.

02 정답 **that**
해석 지난밤 나는 TV에서 중계하는 야구 경기를 보았다.
해설 Last night, I watched the baseball game [**that** was playing^V on TV^M].
　　　　　　　　　　　선행사↑

이어지는 절이 주어가 없는 불완전한 구조이고 문맥상 the baseball game을 수식하므로 관계대명사 that이 오는 것이 적절하다.

03 정답 **what**
해석 당신이 하고 있는 것을 즐기지 못하더라도 절망하지 마세요. 당신이 할 수 있는 많은 일이 있습니다.
해설 If you don't enjoy **what** you^S are doing^V ●, don't
　　　　S　　　　　V　　　　　　　　　O
despair.

선행사가 없으며 뒤에 동사 are doing의 목적어가 없는 불완전한 구조의 절이 이어지므로 관계대명사 what이 적절. what이 이끄는 명사절(what ~ doing)이 동사 don't enjoy의 목적어로 쓰였다.

04 정답 **that**
해석 사실은 대부분의 사람이 2분이 아니라 30에서 45초 동안 이를 닦는다는 것이다.
해설 The truth is **that** most people^S brush^V their teeth^O ~.
이어지는 절이 주어, 목적어 등의 문장 필수 요소를 전부 갖춘 완전한 구조이므로 접속사 that이 적절. 접속사 that이 이끄는 명사절(that ~ 2 minutes)이 문장의 보어로 쓰였다.

05 정답 **that**
해석 다른 것들처럼, 읽기는 연습을 하면 더 나아지는 기술이다.
해설 ~, reading is a skill [**that** becomes^V better^C with
　　　　　　　　　선행사↑
practice].
이어지는 절이 주어가 없는 불완전한 구조이고 문맥상 a skill을 수식하므로 관계대명사 that이 오는 것이 적절하다.

06 정답 **what**
해석 이 기사는 성공적인 발표를 위해 필요한 것을 설명한다.
해설 This article explains **what** is^V necessary^C ~.
　　　　　S　　　　V
선행사가 없으며 뒤에 주어가 없는 불완전한 구조의 절이 이어지므로 관계대명사 what이 적절. what이 이끄는 명사절(what ~ presentation)이 동사 explains의 목적어로 쓰였다.

07 정답 **that**
해석 나는 부모님과 당장 의논해야 할 몇 가지 일이 있다.
해설 I have several things [**that** I^S have to discuss^V ● with
　　　　　　선행사↑
~].
이어지는 절이 동사 have to discuss의 목적어가 없는 불완전한

구조이고 문맥상 several things를 수식하므로 관계대명사 that이 오는 것이 적절하다.

08 정답 **that**
해석 오랫동안, 사람들은 심장이 몸속에서 피를 순환시키는 것을 알지 못했다.
해설 ~, people did not know **that** the heart^S pumps^V blood^O
　　　S　　　　V　　　　　　　　　　O
~.
이어지는 절이 주어, 목적어 등의 문장 필수 요소를 전부 갖춘 완전한 구조이므로 접속사 that이 적절. 접속사 that이 이끄는 명사절(that ~ the body)이 동사 did not know의 목적어로 쓰였다.

B

01 정답 **X / what**
해석 나는 이 책이 당신이 인생에서 하고 싶은 것을 발견하는 데 도움을 줄 것이라고 믿는다.
해설 ~ help you to figure out **what** you want to do ● in
　　　　　　　　　　　　　　　　O
life.
선행사가 없으며 이어지는 절이 동사 want의 목적어로 쓰인 to부정사구 내 동사 do의 목적어가 없는 불완전한 구조이므로 that을 관계대명사 what으로 고쳐야 적절. 관계대명사 what이 이끄는 명사절(what ~ life)이 동사 figure out의 목적어로 쓰였다.

02 정답 **O**
해석 '햄버거'라는 이름은 햄버거가 독일의 함부르크에서 유래했음을 암시한다.
해설 The name "hamburgers" implies **that** hamburgers^S
　　　　　　S　　　　　　　V　　　　O
originated^V ~.
이어지는 절이 문장 필수 요소를 전부 갖춘 완전한 구조이므로 접속사 that이 적절히 쓰였다. 접속사 that이 이끄는 명사절(that ~ Germany)이 동사 implies의 목적어로 쓰였다.

03 정답 **X / which 또는 that**
해석 일부 곤충들은 절대 몸을 숨기지 않는다. 대신, 날개에 멀리서도 보이는 밝은색을 지녔다.
해설 ~, their wings have bright colors [**which**[**that**] can
　　　　　　　　　　　　선행사↑
be seen^V ~].
이어지는 절이 주어가 없는 불완전한 구조이고 문맥상 bright colors를 수식하므로 what을 주격 관계대명사 which 또는 that으로 고쳐야 적절하다.

04 정답 **X / what**
해석 앨빈은 시내에 있는 선도적인 건축회사에서 모형을 제작하고 있다. 그는 자기가 사랑하는 일을 하고 있고 수입도 좋다.
해설 He does **what** he loves ●, ~.
　　S　V　　　　　　O
선행사가 없으며 이어지는 절이 동사 loves의 목적어가 없는 불완전한 구조이므로 that을 관계대명사 what으로 고쳐야 적절. 관계대명사 what이 이끄는 명사절(what he loves)이 동사 does의 목적어로 쓰였다.

EXERCISES

본문 p.68

A 01. which   02. where   03. that   04. whom   05. where
06. who   07. why   08. when
B 01. O   02. X / whose   03. X / when   04. X / where

A

01   정답   **which**

해석   나는 관람객에 의해 작성된 영화 후기를 보고 있다.

해설   I am looking at *movie reviews* [**which** were written^V ─선행사↑─────
by viewers^M].
선행사 movie reviews가 사람이 아니므로 관계대명사 which가 오는 것이 적절하다.

02   정답   **where**

해석   블로그는 당신이 당신의 생각을 표현할 수 있는 온라인 공간이다.

해설   A blog is *an online space* [**where** you^S can express^V ─선행사↑─────
your ideas^O].
이어지는 절이 주어, 목적어 등의 문장 필수 요소를 전부 갖춘 완전한 구조이므로 관계부사 where가 오는 것이 적절하다.

03   정답   **that**

해석   너는 컴퓨터 게임에 들이는 시간을 제한할 필요가 있다.

해설   You need to limit *the time* [**that** you^S spend^V ● on ─선행사↑─────
computer games].
이어지는 절이 시간을 의미하는 선행사 the time을 수식하지만, 동사 spend의 목적어가 없는 불완전한 구조이므로 관계대명사 that이 오는 것이 적절하다.

04   정답   **whom**

해석   학생들이 유머 감각 때문에 좋아하는 그 선생님은 곧 퇴직하실 것이다.

해설   *The teacher* [**whom** students^S like^V ● for his sense of ─선행사↑─────
humor] will ~.
이어지는 절이 동사 like의 목적어가 없는 불완전한 구조이므로 목적격 관계대명사 whom이 오는 것이 적절하다.

05   정답   **where**

해석   우리는 그 영화가 촬영된 도시에 갈 계획이다.

해설   We are planning to visit *the city* [**where** the movie^S ─선행사↑─────
was filmed^V].
이어지는 절이 문장 필수 요소를 모두 갖춘 완전한 구조이므로 관계부사 where가 오는 것이 적절하다.

06   정답   **who**

해석   세상에는 먹을 음식이 충분치 않은 사람들이 많이 있다.

해설   ~, there are *lots of people* [**who** don't get^V enough ─선행사↑─────
food to eat^O].
선행사 lots of people이 사람이므로 관계대명사 who가 오는 것이 적절하다.

07   정답   **why**

해석   나는 그녀가 왜 내게 화가 나 있는지 모르겠다.

해설   I don't know *the reason* [**why** she^S is^V so angry^C at ─선행사↑─────
me].
이어지는 절이 문장 필수 요소를 모두 갖춘 완전한 구조이므로 관계부사 why가 오는 것이 적절하다.

08   정답   **when**

해석   저녁 식사는 부모가 올바른 예절과 가치관을 가르칠 수 있는 시간이다.

해설   Dinner is *a time* [**when** parents^S can teach^V good ─선행사↑─────
manners and values^O].
이어지는 절이 문장 필수 요소를 모두 갖춘 완전한 구조이므로 관계부사 when이 오는 것이 적절하다.

B

01   정답   **O**

해석   당신의 손은 세균을 얼굴로 옮길 수 있는 많은 것을 접촉한다.

해설   Your hands touch *many things* [**that** can move^V germs^O ─선행사↑─────
~].
이어지는 절이 주어가 없는 불완전한 구조이고 문맥상 many things를 수식하므로 주격 관계대명사 that이 적절히 쓰였다.

02   정답   **X / whose**

해석   당신과 다른 의견을 가진 사람들이 많이 있다.

해설   There are *many people* [**whose** opinions^S are^V different^C ─선행사↑─────
~].
이어지는 절에 주어 opinions가 있으므로 관계사절 내에서 주어를 대신하는 주격 관계대명사 who가 쓰일 수 없다. 문맥상 '사람들의' 의견이란 뜻을 나타내고, 두 개의 절은 접속사 없이 연결될 수 없으므로 「접속사+(소유격) 대명사」를 대신하는 관계대명사 whose로 고쳐야 적절하다.

03   정답   **X / when**

해석   당신의 생일은 부모님께 당신이 태어난 것에 대해 감사해야 하는 날이다.

해설   Your birthday is *a day* [**when** you^S should thank^V your ─선행사↑─────
parents^O ~].
이어지는 절이 문장 필수 요소를 모두 갖춘 완전한 구조이고, '시간'을 의미하는 선행사 a day를 수식하므로 관계대명사 which를 관계부사 when으로 고쳐야 적절하다.

04   정답   **X / where**

해석   교차로가 없는 긴 내리막길은 스케이트보드의 기본기를 연습하는 완벽한 장소일 수 있다.

해설 ~ could be *the perfect area* [**where** you^S practice^V basic skateboarding skills^O].

선행사 ↑

이어지는 절이 문장 필수 요소를 모두 갖춘 완전한 구조이고, '장소'를 의미하는 선행사 the perfect area를 수식하므로 관계대명사 which를 관계부사 where로 고쳐야 적절하다.

Point 06 형용사 vs. 부사

EXERCISES
본문 p.72

A 01. easily 02. bitter 03. unexpected 04. carefully
05. cheerful 06. obviously 07. specific 08. extremely
09. silent
B 01. O 02. X / nervous 03. X / alphabetically

A

01 정답 **easily**
해석 우리는 지도 애플리케이션으로 그 쇼핑몰을 쉽게 찾았다.
해설 문맥상 동사 found를 수식하므로 부사 easily가 오는 것이 적절. SVOC문형으로 해석하면 '그 쇼핑몰이 쉽다는 것을 알게 되었다'라는 의미가 되므로 적절하지 않다.

02 정답 **bitter**
해석 이 채소는 쓴맛이 나지만, 건강에는 좋다.
해설 동사 taste의 보어 자리이므로 형용사 bitter가 오는 것이 적절하다.

03 정답 **unexpected**
해석 내가 혼자 살기 시작했을 때, 몇 가지 예상치 못한 어려움을 겪었다.
해설 문맥상 명사 difficulties를 수식하므로 형용사 unexpected가 오는 것이 적절하다.

04 정답 **carefully**
해석 차에 아이가 타고 있으면 그는 아주 조심스럽게 운전한다.
해설 부사 extremely의 수식을 받아서 함께 동사 drives를 수식해야 하므로 부사 carefully가 오는 것이 적절하다.

05 정답 **cheerful**
해석 좋아하는 노래를 부르는 것은 항상 나를 기분 좋게 해준다.
해설 〈make+O+C: O를 C(의 상태)로 하다〉 구조의 문장에서 목적격보어 자리에 쓰이므로 형용사 cheerful이 오는 것이 적절하다.

06 정답 **obviously**
해석 내 친구는 명백하게 틀렸음에도, 계속해서 자신의 의견을

주장했다.
해설 문맥상 형용사 wrong을 수식하므로 부사 obviously가 오는 것이 적절하다.

07 정답 **specific**
해석 당신의 견해를 뒷받침하기 위해 구체적인 이유를 이용해라.
해설 문맥상 명사 reasons를 수식하므로 형용사 specific이 오는 것이 적절하다.

08 정답 **extremely**
해석 애거사 크리스티는 영화로 만들어진 추리 소설 덕분에 매우 유명하다.
해설 문맥상 형용사 popular를 수식하므로 부사 extremely가 오는 것이 적절하다.

09 정답 **silent**
해석 그 정치인은 그 소문 후에 침묵한 채로 있었지만, 그의 대중적 이미지는 손상을 입었다.
해설 동사 kept의 보어 자리이므로 형용사 silent가 오는 것이 적절하다.

B

01 정답 **O**
해석 출산율은 여성 한 명당 아이 1.8명으로 낮고, 노년층의 수는 급격히 증가하고 있다.
해설 문맥상 동사 is growing을 수식하므로 부사 rapidly가 오는 것이 적절하다.

02 정답 **X / nervous**
해석 크리스티나는 선생님으로부터 갑작스러운 질문을 받자 긴장했다.
해설 동사 felt의 보어 자리이므로 형용사 nervous로 고쳐야 적절하다.

03 정답 **X / alphabetically**
해석 교육과정은 학생들이 자신이 찾고 있는 것을 빨리 알아낼 수 있도록 알파벳순으로 정리되어 있다.
해설 문맥상 동사 are arranged를 수식하므로 부사 alphabetically로 고쳐야 적절하다.

EXERCISES

본문 p.76

A 01. it 02. his 03. their 04. them 05. it 06. its
07. them 08. its 09. their
B 01. X / it 02. X / it 03. O

A

01 정답 **it**
해석 선반 위에 음식이 좀 있으면, 그것을 개에게 줘.
해설 개에게 주는 것은 '음식'이므로 단수명사구 any food에
일치하는 it이 와야 적절하다.

02 정답 **his**
해석 사무엘은 얼굴에 물을 적시고 이를 닦았다.
해설 '사무엘의' 이를 나타내므로 Samuel에 일치하는 소유격 his가
와야 적절하다.

03 정답 **their**
해석 마을 공무원들은 그들의 지역 인구에 관한 정보를 모은다.
해설 '마을 공무원들의' 지역 인구를 나타내므로 복수명사구 Town
officials에 일치하는 소유격 their가 와야 적절하다.

04 정답 **them**
해석 그녀는 컴퓨터에 관심이 있어서, 공공도서관에서 그것(=컴퓨터)
을 사용하는 방법을 배우는 중이다.
해설 사용하는 것은 '컴퓨터'이므로 앞에 나온 복수명사 computers
에 일치하는 them이 와야 적절하다.

05 정답 **it**
해석 나는 조원들과 사소한 의견 충돌이 있었지만 우리는 그것을
극복해 냈다.
해설 우리가 극복해 낸 것은 '사소한 의견 충돌'이므로 앞에 나온
단수명사구 a minor disagreement에 일치하는 it이 와야
적절하다.

06 정답 **its**
해석 편리한 위치에도 불구하고, 두 개의 쇼핑몰 근처에 있는 그 아파트
건물은 별로 인기가 없다.
해설 '아파트 건물의' 편리한 위치를 나타내므로 단수명사구 The
apartment building에 일치하는 소유격 its가 와야
적절하다.

07 정답 **them**
해석 아마도 목표를 달성하는 데 가장 도움이 되는 방법은 스스로에게
그 목표들을 계속해서 상기시키는 것이다.
해설 계속해서 상기시켜야 할 것은 '당신의 목표'이므로 앞에 나온
복수명사구 your goals에 일치하는 them이 와야 적절하다.

08 정답 **its**

해석 스테고사우루스는, 초식 공룡 중 하나인데, 길이가 무려 9m가
넘지만, 뇌는 호두 크기이다.
해설 '스테고사우루스의' 뇌를 나타내므로 앞에 나온 단수명사
Stegosaurus에 일치하는 소유격 its가 와야 적절하다.

09 정답 **their**
해석 캥거루는 특이한 다리 모양 때문에 뒤로 걷는 데 어려움을 겪는다.
해설 '캥거루의' 다리를 나타내므로 앞에 나온 복수명사 Kangaroos
에 일치하는 소유격 their가 와야 적절하다.

B

01 정답 **X / it**
해석 내가 그 증상들 때문에 너에게 준 약을 먹어. 분명 그것이 네가
나아지는 데 도움이 될 거야.
해설 나아지는 데 도움을 주는 것은 '약'이므로 앞에 나온 단수명사구
the medicine에 일치하는 it으로 고쳐야 적절하다.

02 정답 **X / it**
해석 거의 100여 개 국가에서 온 아이들이 최근 코네티컷에서 만나
환경에 대해 배우고 환경을 보호하는 방법에 관해 이야기했다.
해설 보호하는 것은 '환경'이므로 앞에 나온 단수명사구 the
environment에 일치하는 it으로 고쳐야 적절하다.

03 정답 **O**
해석 부모 동물은 자기 새끼에게 줄 수 있는 자원이 한정되어 있으므로
새끼가 아프거나 병약하면 그것들을 버린다.
해설 버리는 것은 '부모 동물의' 새끼이므로 앞에 나온 복수명사구
Animal parents에 일치하는 소유격 their가 적절히 쓰였다.

EXERCISES 본문 p.80

A 01. be explained 02. destroyed 03. being polluted
04. spending 05. leaving 06. processed 07. saved
08. been loved 09. being used
B 01. O 02. X / were caught 03. X / are made

A

01 정답 **be explained**
해석 아마도 언젠가는 우주의 기원이 완전히 설명될 것이다.
해설 우주의 기원이 '설명되는' 것이므로 주어(the origin of the universe)와 동사(explain)는 수동 관계. 따라서 will과 함께 미래 수동형을 이루는 be explained가 오는 것이 적절하다.

02 정답 **destroyed**
해석 이 매서운 회오리바람은 시내 근처에 있는 아홉 채의 집을 파괴했다.
해설 회오리바람이 집을 '파괴하는' 것이므로 주어(This violent tornado)와 동사(destroy)는 능동 관계. 따라서 destroyed가 오는 것이 적절하다.

03 정답 **being polluted**
해석 바다는 기름에 의해 오염되고 있다. 우리는 바다를 살리기 위해 조치를 취해야 한다.
해설 바다가 기름에 '오염되는' 것이므로 주어(The ocean)와 동사(pollute)는 수동 관계. 따라서 are와 함께 현재진행 수동형을 이루는 being polluted가 오는 것이 적절하다.

04 정답 **spending**
해석 아이들은 자연환경과 단절되어 가고 있다. 그들은 밖에서 점점 더 적은 시간을 보내고 있다.
해설 문맥상 They는 앞의 복수명사 Children을 대신하며, 아이들이 시간을 '보내는' 것이므로 주어(They)와 동사(spend)는 능동 관계. 따라서 are와 함께 현재진행형을 이루는 spending이 오는 것이 적절하다.

05 정답 **leaving**
해석 그들은 부사장이 회사를 그만둘 거라고 발표했다.
해설 부사장이 '떠나는' 것이므로 주어(the vice president)와 동사(leave)는 능동 관계. 따라서 will be와 함께 미래 진행형을 이루는 leaving이 오는 것이 적절하다.

06 정답 **processed**
해석 수화에서는 귀보다는 눈을 통해 정보가 처리된다.
해설 정보가 '처리되는' 것이므로 주어(information)와 동사(process)는 수동 관계. 따라서 processed가 오는 것이 적절하다.

07 정답 **saved**
해석 1946년 창립 이래로 유니세프는 많은 어린아이들의 생명을 구해 왔다.
해설 유니세프가 아이들의 생명을 '구하는' 것이므로 주어(UNICEF)와 동사(save)는 능동 관계. 따라서 has와 함께 현재완료를 이루는 saved가 오는 것이 적절하다.

08 정답 **been loved**
해석 고양이가 독립적이며 청결하다고 여기는 사람들에 의해 오랫동안 고양이는 애완동물로 사랑받아 왔다.
해설 고양이가 '사랑받는' 것이므로 주어(cats)와 동사(love)는 수동 관계. 따라서 have와 함께 현재완료 수동형을 이루는 been loved가 오는 것이 적절하다.

09 정답 **being used**
해석 이 기관의 어느 곳에라도 기부하시면, 귀하의 돈이 사람들이 가난을 극복하는 데 쓰이고 있다는 것을 확신하실 수 있습니다.
해설 돈이 '쓰이는' 것이므로 주어(your money)와 동사(use)는 수동 관계. 따라서 is와 함께 현재진행 수동형을 이루는 being used가 오는 것이 적절하다.

B

01 정답 **O**
해석 독서 모임의 모든 회원이 그녀를 리더에 적합하다고 여겼다.
해설 회원들이 그녀를 리더에 적합하다고 '여기는' 것이므로 주어(all ~ club)와 동사(consider)는 능동 관계. 따라서 considered가 적절히 쓰였다.

02 정답 **X / were caught**
해석 그들은 은행에서 300만 달러를 털었지만, 현장에서 체포되었다.
해설 그들이 '체포된' 것이므로 주어(They)와 동사(catch)는 수동 관계. 따라서 앞의 동사 robbed와 시제가 일치하는 과거 수동형 were caught로 고쳐야 적절하다.

03 정답 **X / are made**
해석 당신은 모든 자전거에 브레이크가 있어야 한다고 생각할 것입니다. 하지만 트랙 경주용 자전거는 브레이크 없이 만들어진다는 점에서 독특합니다.
해설 문맥상 they는 앞의 복수명사구 the bicycles for track racing을 대신하며, 트랙 경주용 자전거가 '만들어지는' 것이므로 주어(they)와 동사(make)는 수동 관계. 따라서 make를 are made로 고쳐야 적절하다.

Point 09 주어와 동사의 수일치

EXERCISES
본문 p.84

A 01. is 02. has 03. receive 04. makes 05. is 06. has
07. was 08. shows
B 01. X / is 02. X / is 03. X / are 04. X / suffer

A

01 정답 **is**
해석 꽃을 주는 가장 일반적인 이유는 로맨틱한 사랑을 표현하기 위해서이다.
해설 주어는 to부정사구(to ~ flowers)의 수식을 받는 단수명사구 The most common reason이므로 단수동사 is가 오는 것이 적절하다.

02 정답 **has**
해석 새 코치가 이끄는 국가대표 축구팀은 지금까지 모든 경기를 이겼다.
해설 주어는 과거분사구(led ~ coach)의 수식을 받는 단수명사구 The national soccer team이므로 단수동사 has가 오는 것이 적절하다.

03 정답 **receive**
해석 위험한 교전 지역에서 복무하는 병사들은 희생의 대가로 상여금을 받는다.
해설 주어는 현재분사구(serving ~ zone)의 수식을 받는 복수명사 Soldiers이므로 복수동사 receive가 오는 것이 적절하다.

04 정답 **makes**
해석 농기구에 대한 농부들의 지식은 그들의 일을 더 쉽게 해준다.
해설 주어는 전명구(about ~ farming)의 수식을 받는 단수명사구 Farmers' knowledge이므로 단수동사 makes가 오는 것이 적절하다. Farmers'는 knowledge를 수식하는 소유격으로 동사의 수와는 관계가 없다.

05 정답 **is**
해석 수십 개국을 방문하여 수천 명의 환자를 도운 의사가 저기 계시다.
해설 주어는 관계대명사 절(who ~ patients)의 수식을 받는 단수명사구 The doctor이므로 단수동사 is가 오는 것이 적절하다.

06 정답 **has**
해석 환경부에 따르면, 가게에서 비닐봉지를 제공해주는 것이 최근에 70~80%까지 떨어졌다.
해설 주어는 전명구(of ~ stores)의 수식을 받는 단수명사구 the supply이므로 단수동사 has가 오는 것이 적절하다.

07 정답 **was**
해석 청각 장애인들을 위한 수화는 18세기 프랑스에서 개발되었다.
해설 주어는 전명구(for the deaf)의 수식을 받는 단수명사구 Sign language이므로 단수동사 was가 오는 것이 적절하다.

08 정답 **shows**
해석 발가락까지 닿을 수 있는 능력은 근육의 유연성을 보여준다.
해설 주어는 to부정사구(to ~ toes)의 수식을 받는 단수명사구 The ability이므로 단수동사 shows가 오는 것이 적절하다.

B

01 정답 **X / is**
해석 그들이 최근에 산 차는 중고 모델이다. 그 차는 싸고 상태가 좋다.
해설 주어는 관계대명사절(that ~ recently)의 수식을 받는 단수명사구 The car이므로 are를 단수동사 is로 고쳐야 적절하다.

02 정답 **X / is**
해석 필수 비타민을 섭취하는 가장 좋은 방법은 건강한 식단을 통해서이다.
해설 주어는 to부정사구(to ~ vitamins)의 수식을 받는 단수명사구 The best way이므로 are를 단수동사 is로 고쳐야 적절하다.

03 정답 **X / are**
해석 천연 섬유로 만든 옷은 환경 운동가들에 의해 지지받는 상품 중 하나이다.
해설 주어는 과거분사구(made ~ fibers)의 수식을 받는 복수명사 clothes이므로 is를 복수동사 are로 고쳐야 적절하다.

04 정답 **X / suffer**
해석 어떤 과목을 너무 어린 시기에 공부하기 시작하는 아이들은 종종 많은 스트레스로 고통받는다.
해설 주어는 관계대명사 절(who ~ early)의 수식을 받는 복수명사 children이므로 suffers를 복수동사 suffer로 고쳐야 적절하다.

Point 10 전치사 vs. 접속사

EXERCISES

본문 p.88

A 01. While 02. although 03. while 04. due to
05. during 06. because 07. during 08. Because of
B 01. X / because 02. X / (al)though 또는 even though[if]
03. O 04. O

A

01 정답 **While**
해석 여행하는 동안 우리는 수백 장의 사진을 찍었다.
해설 뒤에 〈주어(we)+동사(were traveling)〉 구조의 절이 이어지므로 접속사 While이 오는 것이 적절. During은 전치사로, 뒤에 명사(구)가 온다.

02 정답 **although**
해석 벨라는 운동을 많이 하지 않음에도 불구하고 몸 상태가 좋다.
해설 뒤에 〈주어(she)+동사(doesn't get)+목적어(much exercise)〉 구조의 절이 이어지므로 접속사 although가 오는 것이 적절하다. despite는 전치사로, 뒤에 명사(구)가 온다.

03 정답 **while**
해석 네가 전화 통화를 하는 동안 나는 숙제를 다 끝냈다.
해설 뒤에 〈주어(you)+동사(were talking)+부사구(on the phone)〉 구조의 절이 이어지므로 접속사 while이 오는 것이 적절하다.

04 정답 **due to**
해석 최근 그는 학교에서 스트레스를 받는 상황이라 입맛이 없다.
해설 뒤에 명사구 the stressful situation at his school이 오므로 due to가 오는 것이 적절. due to 뒤에는 명사(구)가 온다. because는 접속사로, 뒤에 완전한 구조의 절이 이어진다.

05 정답 **during**
해석 나는 겨울 방학 동안 동물 보호소에서 자원봉사를 했다.
해설 뒤에 명사구 the winter vacation이 오므로 전치사 during이 오는 것이 적절하다.

06 정답 **because**
해석 독수리는 매우 외지고 야생인 지역에서 살기 때문에 그것의 습성을 연구하기란 쉽지 않다.
해설 뒤에 〈주어(it)+동사(lives)+부사구(in ~ areas)〉 구조의 절이 이어지므로 접속사 because가 오는 것이 적절. because of 뒤에는 명사(구)가 온다.

07 정답 **during**
해석 도서관은 여름방학 동안 토요일과 일요일에는 문을 닫습니다.
해설 뒤에 명사구 the summer vacation이 오므로 전치사 during이 오는 것이 적절하다.

08 정답 **Because of**
해석 기상청의 빠른 대응으로 지난밤 엄청난 폭풍우에 아무도 다치지 않았다.
해설 뒤에 명사구 the rapid reaction of weather watchers가 오므로 Because of가 오는 것이 적절하다.

B

01 정답 **X / because**
해석 내가 다른 사람들을 위해 무언가를 할 수 있기 때문에 나 자신에 대해 뿌듯함을 느낀다.
해설 뒤에 〈주어(I)+동사(can do)+목적어(something)+수식어(for others)〉 구조의 절이 이어지고 문맥상 '~ 때문에'라는 뜻의 부사절을 이끌므로 because of를 접속사 because로 고쳐야 적절하다.

02 정답 **X / (al)though 또는 even though[if]**
해석 우리는 비록 아주 좋은 좌석에 앉지는 않았어도 영화를 잘 관람했다.
해설 뒤에 〈주어(we)+동사(didn't have)+목적어(very good seats)〉 구조의 절이 이어지고 문맥상 '~에도 불구하고'라는 뜻의 부사절을 이끌므로 전치사 despite를 접속사 (al)though 또는 even though[if]로 고쳐야 적절하다.

03 정답 **O**
해석 중국과 그리스 사상가들은 전쟁과 혼란의 시대에 철학 사상들을 발전시켰다.
해설 뒤에 명사구 times of war and disorder가 오고 문맥상 '~ 동안'이라는 뜻의 부사구를 이끌므로 전치사 during이 적절히 쓰였다.

04 정답 **O**
해석 다양한 법과 캠페인에도 불구하고, 운전 중 휴대전화 사용량이 증가하고 있다.
해설 뒤에 명사구 various laws and campaigns가 오고 문맥상 '~에도 불구하고'라는 뜻의 부사구를 이끌므로 전치사 Despite가 적절히 쓰였다.

1   ③

해석   대학 신입 시절은 내게 큰 충격이었다. 첫 학기에, 나는 별로 관심 없는 그리스 문명에 관한 강의를 수강했지만, 그것은 문학 필수학점을 채우기에 가장 쉬운 방법이었다. 교수님은 학생들이 전에 그리스 문명에 관한 책을 조금이라도 읽어보았는지 물으며 첫 수업을 시작하셨다. 나는 내 옆에 앉은 친구에게 귓속말했다. "무슨 책?" "물론, 일리아드나 오디세이 같은 책들이지"라고 그녀가 답했다. 나는 내 손을 제외하고 거의 모든 손이 위로 올라가는 것을 보았다. 그러자 교수가 물었다. "그럼 누가 이러한 책들을 원서로 읽어보았지요?" 수강생 중 3분의 1이 그들의 손을 계속 든 채로 있었다. 내가 손을 한 번도 들지 않았던 사람 중 하나라는 것은 정말로 분명해 보였다.

해설   (A) 이어지는 절이 전치사 in의 목적어가 없는 불완전한 구조이고 선행사 Greek civilization을 수식하므로 목적격 관계대명사 that이 오는 것이 적절. 관계대명사 what은 불완전한 구조의 절을 이끌지만, 선행사를 포함하는 관계대명사로, 명사절을 이끈다.
(B) 기준이 되는 시점은 과거(began)인데, 과거의 한 시점까지 '~한 적이 있다'라는 뜻의 '경험'을 나타내므로 과거완료형을 이루는 had가 오는 것이 적절. 현재완료는 과거의 한 시점부터 현재까지의 경험을 나타내므로 여기서는 적절하지 않다.
(C) 문장의 동사 saw가 이미 있으므로 관계사나 접속사의 연결 없이 또 다른 동사가 올 수 없다. 동사 see는 목적격보어로 v 또는 v-ing를 취하여 '(목적어)가 v하(고 있)는 것을 보다'란 뜻을 나타내므로 현재분사 going이 오는 것이 적절하다.

| 구문 |
[3~4행] The professor began the first lecture by asking *if* students^S had read^V any books^O ~.
여기서 접속사 if는 '~인지 아닌지'라는 뜻으로, 동명사 asking의 목적어가 되는 명사절을 이끈다.

2   ②

해석   저작권법은 물리적 형태인 원본 창작물을 보호한다. 그러한 창작물들은 도서, 노래, 그림, 그리고 컴퓨터 프로그램도 포함한다. 만질 수 있는 형태로 표현되지 않은 아이디어들은 저작권 보호를 받을 수 없다. 저작권은 창작물에 다섯 가지 독점권을 제공한다. 이는 그 창작물을 복제할 권리, 복제물을 배포할 권리, 그 창작물에 기반을 둔 새로운 창작을 할 권리, 공개적으로 공연할 권리, 그리고 공개적으로 전시할 권리이다. 이런 권리들은 당신의 작품이 완성된 순간부터 존재하는데, 당신은 심지어 공식적으로 저작권을 등록할 필요도 없다. 한국 법에서 저작권은 저작권자가 사망한 지 50년이 되면 만료된다.

해설   (A) 주격 관계대명사 내 동사는 선행사에 수일치하므로 선행사 original creative works에 수일치하는 복수동사 are가 오는 것이 적절하다.
(B) 콜론(:) 뒤에 five exclusive rights를 구체적으로 설명하는 다섯 개의 to부정사구가 접속사 and로 연결된 병렬구조이므로 to display가 오는 것이 적절하다.
(C) 작품이 '완성되는' 것이므로 your work와 complete는 수동 관계. 따라서 수동태를 이루는 completed가 오는 것이 적절하다.

| 구문 |
[3행] Ideas [**that** haven't been expressed^V in a touchable form^M]
S(선행사)
cannot be copyrighted.
        V
that이 이끄는 주격 관계대명사절이 주어 Ideas를 수식하여 주어 부분이 길어졌다.

3   ③ / counting → count

해석   거식증은 살찌는 것에 대한 극심한 공포심이 특징인 섭식 장애이다. 젊은 여성들과 10대 소녀들이 이 병에 걸릴 가능성이 가장 크다. 거식증에 걸린 사람은 음식을 거의 먹지 않음에도, 음식에 사로잡히게 된다. 심지어 섭취하는 모든 음식물의 무게를 측정하거나 섭취하는 단 하나의 음식이라도 열량을 계산할지도 모른다. 날씬하다거나 건강하다는 기분이 드는 것은 불가능하다. 그래서 거식증에 걸린 소녀는 지독하게 깡마르고 음식이 필요한 상태일 때도 계속 자신이 뚱뚱하다고 생각한다. 그러므로 일반적인 패션모델보다 체중이 훨씬 덜 나가더라도 자신이 위험할 정도로 말랐다는 것을 알지 못한다.

해설   ③ 문맥상 동사구 may weigh와 접속사 or로 연결된 병렬구조로, counting을 반복되는 조동사 may가 생략된 형태인 동사원형 count로 고쳐야 적절하다.
① 문장의 동사 is가 있으므로 명사구 an eating disorder를 수식하는 분사 자리. '섭식 장애'가 살찌는 것에 대한 극심한 공포심으로 '특징지어진' 것이므로 an eating disorder와 mark는 수동 관계. 따라서 과거분사 marked가 적절히 쓰였다.
② 주어는 주격 관계대명사 who가 이끄는 절(who has anorexia)의 수식을 받는 단수명사 Someone이므로 단수동사 eats가 적절히 쓰였다.
④ 「가주어 It ~ 진주어 to-v ...」 구문에서 진주어 자리에 해당하는 to부정사로 적절히 쓰였다.
⑤ 비교급을 수식하는 부사 far(훨씬)가 적절히 쓰였다. 그 밖에 even, much, still, a lot 등의 부사도 같은 역할을 한다.

| 구문 |
[3~5행] She **may** even **weigh** *everything* [(**that**) she eats ●]
                └── V$_1$ ──┘   └── O$_1$ ──┘
or **count** the calories of *every single thing* [**that** she has ●].
       V$_2$ O$_2$
두 개의 동사구가 등위접속사 or로 연결된 병렬구조. everything과 every single thing은 각각 목적격 관계대명사 that이 이끄는 관계사절의 수식을 받는데, everything 뒤에는 that이 생략되었다.

1 ⑤

해석 눈의 질병을 연구하는 과학자 리 더프너 박사는 "통념에도 불구하고, TV에 너무 가까이 앉아있는 것은 당신의 눈에 해를 끼치지 않을 것이지만, 눈의 피로를 유발할 수는 있습니다."라고 말한다. "아이들은 어른들보다 눈의 피로를 느끼지 않고 근거리에서 더 잘 집중할 수 있습니다. 그러니, 아이들은 종종 바로 눈앞에서 책을 손에 쥐거나 TV에 매우 가까이 앉는 습관을 들이게 됩니다." 이러한 유형의 습관은 눈을 피로하게 하여, 두통과 흐릿한 시야를 유발합니다. 하지만 그것은 어떠한 영구적인 손상을 일으키지는 않습니다. 잠깐 쉬는 것은 대개 도움이 될 것입니다. 오늘날 아이들을 위해, 의사들은 '20-20-20 규칙'을 권장합니다. 매 20분, 화면으로부터 떨어져 20초간 휴식을 취하고 20피트 멀리 있는 것을 바라보십시오.

해설 (A) 뒤에 명사구 popular myth가 오므로 전치사 Despite가 오는 것이 적절. 접속사 Although 뒤에는 완전한 구조의 절이 이어진다.
(B) 전치사 of의 목적어 자리에 쓰인 두 개의 동명사구가 접속사 or로 연결된 병렬구조. 따라서 holding과 대등한 형태인 sitting이 오는 것이 적절하다.
(C) 문장의 동사 can tire가 이미 있고 앞에 접속사나 관계사가 보이지 않으므로 또 다른 동사인 lead가 올 수 없다. 따라서 준동사 형태인 leading이 와서 분사구문을 이끌어야 적절하다.

2 ② / recognizes → recognize

해석 새로운 과학 기술은 공업 경제가 사용하는 것들과는 완전히 다른 기술들에 의존하고, 여러 종류의 일이 해외로 옮겨가고 있다. 이러한 변화들은 매우 빠르게 발생하고 있어서, 전 세계적으로 정부와 기업은 교육과 훈련이 미래를 여는 열쇠라는 것을 깨닫는다. 게다가, 그들은 창의력을 계발할 필요성을 강조하고 있다. 먼저, 새로운 상품을 위한 아이디어를 창출하고 경쟁적 우위를 유지하는 것이 중요하다. 두 번째로, 교육과 훈련을 통해 사람들이 융통성을 발휘하게 하는 것이 필수적인데, 그래야 기업들이 변화하는 시장에 대처할 수 있다. 세 번째로, 모든 사람은 안정적인 직업 고용이 과거의 일인 세상에 대비해야 할 것이다.

해설 ② 주어는 전명구 throughout the world의 수식을 받는 복수명사구 governments and businesses이므로 단수동사 recognizes를 복수동사 recognize로 고쳐야 적절하다.
① 문맥상 앞에 나온 복수명사 skills를 대신하므로 복수형 those가 적절히 쓰였다. 지시대명사 that[those]은 앞 명사의 반복을 피하기 위해 사용된다.
③ 진주어로 쓰인 두 개의 to부정사구가 접속사 and로 연결된 병렬구조로, to create와 대등한 형태인 to maintain이 적절히 쓰였다.
④ ⟨enable O to-v(O가 v하는 것을 가능하게 하다)⟩ 구조에서 목적격보어로 to be가 적절히 쓰였다.
⑤ 이어지는 절이 ⟨주어(stable employment)+동사(is)+보어(a thing of the past)⟩ 구조로 완전하고 '장소'를 나타내는 선행사 a world를 수식하므로 관계부사 where가 적절히 쓰였다.

3 ③ / give → are given

해석 많은 어린 학습자는, 수학에서 어려운 문제에 직면할 때, 극심한 공포감이 증가하는 것과 빠른 심장 박동을 느낀다. 이것은 수학 불안증으로, 흔한 심리적 상태이다. 이런 일이 일어나면 공황으로 인해 집중하는 것이 불가능하게 되어 학생은 학습한 것을 이해하지 못하게 된다. 불안증 환자들은 즉시 도움을 받지 못하면 수학에 대한 강한 부정적 감정을 결코 떨쳐내지 못할 것이다. 그러나 수학이 학교 과목인 이상, 이 상태가 없어지지는 않겠지만, 이들은 수학에 대한 공포를 이겨내고 수학을 잘하는 방법을 배울 수 있다. 이해와 도움이 필요할 뿐이다. 그러므로 수학 교사들은 학생들이 어려움을 겪고 있는 때를 알아차리고 도움을 주어야 한다.

해설 ③ 문맥상 대명사 they가 가리키는 것은 주절의 주어 the anxiety sufferers인데, 불안증 환자에게 즉각적인 도움이 '주어지는' 것이므로 주어 they와 동사 give는 수동 관계. 따라서 give를 수동태 are given으로 고쳐야 적절하다.
① 주어는 복수명사구 Many young learners이므로 이에 수일치하는 복수동사 feel이 적절히 쓰였다. 삽입된 부사절(when ~ math) 내 단수명사 math에 수일치하지 않도록 주의한다.
② ⟨make+O+C: O를 C(의 상태)로 하다⟩ 구조에서 목적격보어로 형용사 impossible이 적절히 쓰였다.
④ 뒤에 주어, 동사와 같은 문장 필수 요소를 모두 갖춘 완전한 구조의 절이 이어지고 문맥상 '~에도 불구하고'라는 뜻을 가진 부사절을 이끌므로 접속사 although가 적절히 쓰였다.
⑤ 문맥상 동사구 must recognize와 접속사 and로 연결된 병렬구조로, 반복되는 조동사 must가 생략된 형태인 동사원형 offer가 적절히 쓰였다. 도움을 주는 것은 '수학 교사'이므로 offer를 is suffering과 연결된 것으로 보는 것은 문맥상 적절하지 않다.

1   ⑤

해석   자동화가 계속해서 더욱 유용해져서 자동화 시스템은 사람에 의해 행해지던 많은 일을 떠맡고 있다. 이러한 것들은 건물 내 적정 온도 유지하기, 이륙부터 착륙까지 항공기가 스스로 비행하도록 하기, 그리고 선박이 스스로 항해하도록 하기를 포함한다. 자동화가 잘 작동되면, 일은 대개 정확하고 능률적으로 수행된다. 게다가, 자동화는 사람들이 지루한 작업을 하지 않게 해서 더욱 효율적으로 시간을 사용할 수 있게 한다. 그러나 일이 너무 복잡하면, 자동화가 실패하는 경향이 있다. 이것은, 적어도 현재는, 사람이 대부분의 복잡한 작업에서 여전히 최종 결정권을 가지고 있다는 것을 의미한다.

해설   (A) 이어지는 절이 주어가 없는 불완전한 구조이고 앞의 명사(선행사) many tasks를 수식하므로 주격 관계대명사 that이 오는 것이 적절. what은 선행사를 포함하는 관계대명사로 명사절을 이끈다.
(B) 동사 include의 목적어로 쓰인 세 개의 동명사구가 접속사 and로 연결된 병렬구조. 따라서 maintaining, enabling과 대등한 형태인 allowing이 오는 것이 적절.
(C) 문맥상 분사구문의 의미상 주어는 문장의 주어 automation이고, 자동화가 효율적인 시간 사용을 '허용하는' 것이므로 분사구문의 의미상 주어 automation과 동사 permit은 능동 관계. 따라서 현재분사 permitting이 오는 것이 적절.

| 구문 |
[1~2행] ~ are taking over *many tasks* [**that** were once performed^V
                                              선행사 ↑_____|
by people].
주격 관계대명사 that이 이끄는 절이 명사구 many tasks를 수식한다. 많은 일이 '행해지는' 것이므로 선행사 many tasks와 동사 perform은 수동 관계. 따라서 that절 내에는 동사의 수동형(were performed)이 쓰였다.
[2~5행] These include **maintaining** the proper ~ building,
                            V   O₁
enabling airplanes *to fly* by themselves ~ landing, and **allowing**
   O₂   O₃
ships *to navigate* by themselves.
동사 include는 동명사를 목적어로 취한다. 목적어로 쓰인 동명사구에는 〈enable+O+to-v: O가 v할 수 있게 하다〉와 〈allow+O+to-v: O가 v하도록 허용하다〉 구조가 쓰였다.

2   ③

해석   전자레인지는 음식을 조리할 수 있는데, 음식 안의 물 분자가 전자파를 흡수하고 가열되어 그 결과로 음식을 데우기 때문이다. 전자파는 마찬가지로 피부와 다른 신체 부위를 따뜻하게 해줄 것이다. 실제로, 추운 날씨에 커다란 무선탑에서 일하는 사람들은 몸을 따뜻하게 하기 위해 마이크로파 발전기 앞에서 서 있곤 했다. 그 방사선은 열을 효율적으로 내보낼 수 없는 신체 기관에 가장 해로운데 특히 눈이 그렇다. 그러한 열전도는 왜 우리가 때때로 방사선이 새어 나오는 전자레인지에 노출될 때 두통을 겪는 사람들(예를 들어, 패스트푸드점

에서 일하는 사람들)에 대해 듣게 되는지 설명할 수 있다.

해설   (A) 네모 안의 동사와 호응하는 주어는 복수명사구 the water molecules이므로 복수동사 absorb가 오는 것이 적절. 주어를 수식하는 전명구(inside the food) 내 명사인 the food에 수일치하지 않도록 주의한다.
(B) 문장의 동사 used to stand가 이미 있으므로 준동사가 들어갈 자리. '사람들'이 '일하는' 것이므로 분사의 수식을 받는 명사 people과 work는 능동 관계. 따라서 현재분사 working이 오는 것이 적절하다.
(C) 문맥상 대명사 they는 앞에 나온 people을 가리키는데, '사람들'이 '노출되는' 것이므로 주어 they와 동사 expose는 수동 관계. 따라서 are와 함께 수동태를 이루는 exposed가 오는 것이 적절하다. 「be exposed to A: A에 노출되다」

| 구문 |
[6행] ~ to *the parts of the body* [**that** cannot remove^V the heat^O
                        선행사 ↑_____|
efficiently] ~.
that이 이끄는 주격 관계대명사절이 선행사 the parts of the body를 수식한다.
[7~9행] That heat transfer could explain **why** we sometimes hear
            S   V   O
about *people* ~ [**getting** headaches ~ to *microwave ovens* [**which**
are leaking radiation]].
의문사 why가 이끄는 명사절이 동사 could explain의 목적어 역할. getting 이하는 people을 수식하는 현재분사구이며, which 이하는 선행사 microwave ovens를 수식하는 주격 관계대명사절이다.

3   ② / finds → is found

해석   인공 향료는 이론상으로 더 안전한데, 오직 안전이 검증된 성분만 사용되기 때문이다. 다른 차이점은 비용이다. 화합물의 '천연' 공급원을 찾는 일은 종종 제조업자가 지정한 화합물을 얻기 위해 대단한 노력을 쏟아야 할 것을 요구한다. 천연 코코넛 향료는, 예를 들면, 특수한 화합물을 필요로 한다. 그 화합물은 특정한 나무의 껍질에서 발견되는데, 그것을 얻으려면 나무를 죽여야 한다. 게다가, 그러한 공정은 값비싸다. 그러나 이 순수 천연 화합물은 실험실에서 만들어진 것과 동일하다. 천연 화합물은 인공 화합물보다 훨씬 더 비싸다. 소비자들은 천연 향료에 많은 돈을 내지만, 이것들은 값싼 인공 화합물보다 사실상 질적으로 결코 더 나은 점이 없을 뿐만 아니라 더 안전하지도 않다.

해설   ② 문맥상 주어 It은 앞의 명사구 a special chemical을 가리키는데, 화합물이 '발견되는' 것이므로 주어 It과 동사 find는 수동 관계. 따라서 finds를 수동태 is found로 고쳐야 적절하다.
① 주절에 요구를 나타내는 동사 requires가 있고 이어지는 that절의 내용이 '~해야 한다'라는 뜻을 나타내므로 should make 형태가 되어야 하는데, 이때의 should는 생략할 수 있으므로 동사원형 make가 적절히 쓰였다.
③ 문장의 동사 is가 이미 있으므로 앞의 대명사 one을 수식하는 준동사 자리. 문맥상 대명사 one은 a chemical을 나타내는데, 화합물이 '만들어지는' 것이므로 one과 make는 수동 관계. 따라서 과거분사 made가 적절히 쓰였다.

④ 비교급 수식 부사 much(훨씬)가 적절히 쓰였다.
⑤ 뒤에 오는 than과 함께 비교급 구문을 이루는 better가 적절히 쓰였다. these(= natural flavorings)와 cheaper artificial chemicals가 비교 대상.

| 구문 |
[8~9행] ~, but these are in fact no better in quality, **nor** *are they*
          V   S

safer, ~.
접속사 nor 뒤에 주어와 be동사가 도치되었다. 〈nor+V+S: S도 그렇지 않다〉

미니 모의고사 4회   1. ④ 2. ④ 3. ②

1   ④

해석   지그문트 프로이트는 인간의 정신이 세 부분을 가지고 있다고 설명했다. 즉, 이드(원(原)자아), 에고(자아), 슈퍼에고(초(超)자아)가 그것으로, 이들은 우리 사고의 기반을 함께 형성한다. 그는 "정신적 기능을 상당히 좋은 상태로 유지하려면, 이 세 부분이 균형을 잘 이뤄야 합니다"라고 말했다. 어른 같은 자아(ego)는 부모 같은 초자아(superego)와 아기 같은 원자아(id)의 상충하는 요구를 다루는 데 어려움을 겪는다. 원자아와 초자아 사이의 갈등은 인간 심리의 본질적인 부분인 심리적 투쟁이고, (이 갈등은) 자아에 의해 '관리' 된다. 프로이트는 이러한 투쟁의 본질이 우리의 '성격'을 형성하는 것이라고 말했다.

해설   (A) 형용사 good을 수식하므로 부사 reasonably가 오는 것이 적절하다.
(B) 〈have a hard time v-ing〉가 'v하는 데 어려움을 겪다'라는 뜻이므로 dealing이 오는 것이 적절하다.
(C) 선행사가 없으며 이어지는 절이 주어가 없는 불완전한 구조이므로 관계대명사 what이 오는 것이 적절. what이 이끄는 명사절이 be동사의 보어로 쓰였다.

2   ④ / constantly → constant

해석   낙타가 완전히 물 없이도 생존할 수 있다는 생각은 사실이 아니며, 혹을 물 저장 탱크로 쓰는 것도 아니다. 사실, 낙타는 물을 경제적으로 사용해서 오아시스가 거의 없는 사막을 가로질러 먼 길을 갈 수 있다. 낙타는 인간보다 더 큰 체액 손실(30%)을 견딜 수 있는데, 인간은 겨우 약 12%의 체액 손실을 견뎌낼 수 있다. 이는 낙타가 신체 조직에서만 수분을 상실하기 때문인데, 이는 혈액의 수분 함량을 일정한 상태로 유지한다. 대부분 포유류는, 이와 반대로, 혈액에서 수분을 상실한다. 혈액은 점점 진해지고 느리게 움직여서 더는 충분한 양의 체열을 내보내지 않게 된다. 이는 실신을 초래하고, 어쩌면 사망에 이르게 한다.

해설   ④ 〈leave+O+C: O를 C(의 상태)로 두다〉 구조에서 목적격보어로는 형용사가 쓰이므로 부사 constantly를 형용사 constant로 고쳐야 적절하다.
① 뒤에 주어, 동사와 같은 문장 필수 요소를 모두 갖춘 완전한 구조의 절이 이어지고, 앞의 명사구 The idea를 구체적으로 설명하고 있으므로 동격절을

이끄는 접속사 that이 적절히 쓰였다.
② 문맥상 앞에 나온 복수명사 camels를 가리키므로 대명사 They가 적절히 쓰였다.
③ 뒤에 주어, 목적어 등 문장 필수 요소를 모두 갖춘 완전한 구조의 절이 이어지고, 문맥상 '~ 때문에'라는 뜻의 부사절을 이끌므로 접속사 because가 적절히 쓰였다.
⑤ 주어와 동사 사이에 삽입어구 on the other hand가 와서 서로 떨어져 위치했다. 주어는 복수명사구 Most mammals이므로 이에 수일치하는 복수동사 lose가 적절히 쓰였다.

| 구문 |
[4~5행] ~ than human beings, **who** can stand^V losing only about
                    선행사

12 percent^O.
콤마 뒤의 who가 이끄는 주격 관계대명사절이 선행사 humans beings를 보충 설명한다.

3   ② / Accept → Accepting 또는 To accept

해석   우리는 우리의 자제력을 위협하는 것들에 노출되는 것을 피할 수 없다. 그렇다면 우리에게 어떠한 희망이 있을까? 한 가지 제안은 우리가 유혹에 직면할 때는 뿌리치기가 매우 힘들다는 것을 우선 깨닫는 것이다. 그리하여, 할 수 있는 가장 좋은 것은 우리가 욕망에 너무 가까워지기 전에, 그것으로부터 달아나는 것이다. 이 조언을 받아들이기는 쉽지 않을 수도 있지만, 사실은 유혹이 우리 바로 앞에 다가올 때 그것을 이겨내기보다는 전적으로 회피하기가 훨씬 더 쉽다는 것이다. 그리고 우리가 그렇게 할 수 없다면, 우리는 유혹과 싸우는 능력을 향상시키기 위해 노력할 수 있다. 아마도 100까지 수를 세거나, 노래를 부르거나, 또는 실행 계획을 세우면서 말이다. 이들은 우리가 미래에 자신을 통제하는 데 더욱 잘 대비하도록 도와줄 수 있는 몇 가지 방법 중 일부에 불과하다.

해설   ② 뒤에 동사 might be가 이미 있으므로 준동사 자리. 절의 주어가 필요하므로 주어 역할을 할 수 있는 동명사 Accepting 또는 To accept로 고치는 것이 적절하다.
① 뒤에 문장 필수 요소를 모두 갖춘 완전한 구조의 절이 이어지므로 접속사

정답 및 해설   33

that이 적절히 쓰였다. 접속사 that이 이끄는 명사절이 to realize의 목적어로 쓰였다.

③ 문맥상 비교하는 대상은 진주어로 쓰인 두 개의 to부정사구이므로 to avoid와 대등한 형태인 to overcome이 적절히 쓰였다.

④ 전치사 by의 목적어로 쓰인 세 개의 동명사구가 접속사 or로 연결된 병렬구조. 따라서 counting, singing과 대등한 형태인 making이 적절히 쓰였다.

⑤ 이어지는 절이 주어가 없는 불완전한 구조이고 문맥상 앞의 명사구 the ways를 수식하므로 주격 관계대명사 that이 적절히 쓰였다.

| 구문 |

[2행] ~ realize that **it** is very hard **to turn away** ~.
         가주어   진주어

접속사 that이 이끄는 명사절에서 it은 가주어로, to부정사구가 진주어 역할을 한다.

[4~5행] ~, but the reality is that **it** is much easier **to avoid**
                                    가주어   진주어

temptation completely than **to overcome** it ~.

is의 보어 역할을 하는 that절 내에 「가주어 it ~ 진주어 to-v ....」 구문이 쓰였다. 진주어 to avoid와 to overcome은 비교 대상이므로 같은 to-v 형태가 쓰였다. 비교구문에서 비교되는 대상들은 격, 형태 등의 문법적 성격이 같아야 한다.

[8~9행] ~ *the ways* [**that** can help^V us^O become better prepared^C
            선행사

~].

주격 관계대명사 that이 이끄는 관계대명사절이 선행사 the ways를 수식한다. 관계대명사절 내에는 〈help+O+(to-)v: O가 v하도록 돕다〉 구조가 쓰였다.

쎄듀 본영어

<쎄듀 종합영어> 개정판

고등영어의
근본을
바로 세운다!

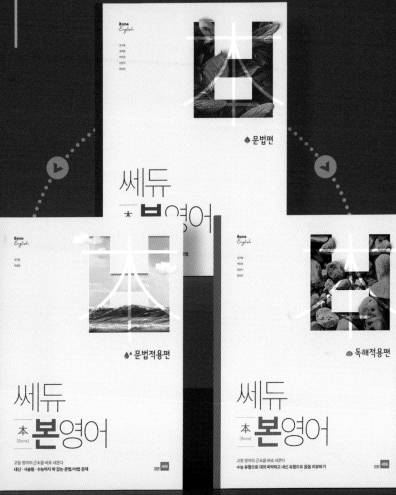

◈ 문법편

1 내신·수능 대비 문법/어법

2 올바른 해석을 위한 독해 문법

3 내신·수능 빈출 포인트 수록

4 서술형 문제 강화

◈ 문법적용편

1 문법편에서 학습한 내용을
문법/어법 문제에 적용하여 완벽 체화

2 내신·서술형·수능으로 이어지는
체계적인 3단계 구성

◈ 독해적용편

1 문법편에서 학습한 내용을
독해 문제에 적용하여 독해력 완성

2 대의 파악을 위한 수능 유형과 지문 전체를
리뷰하는 내신 유형의 이원화된 구성

쎄듀

쎄듀 초등 커리큘럼

	예비초	초1	초2	초3	초4	초5	초6
구문				초등코치 천일문 SENTENCE	1001개 통문장 암기로 완성하는 초등 영어의 기초		
문법					초등코치 천일문 GRAMMAR	1001개 예문으로 배우는 초등 영문법	
			신간 왓츠 Grammar Start 시리즈	초등 기초 영문법 입문			
					신간 왓츠 Grammar Plus 시리즈	초등 필수 영문법 마무리	
독해					신간 왓츠 리딩 70 / 80 / 90 / 100 A / B	쉽고 재미있게 완성되는 영어 독해력	
어휘				초등코치 천일문 VOCA & STORY	1001개의 초등 필수 어휘와 짧은 스토리		
		패턴으로 말하는 초등 필수 영단어 1 / 2	문장 패턴으로 완성하는 초등 필수 영단어				
ELT	신간 Oh! My PHONICS 1 / 2 / 3 / 4	유·초등학생을 위한 첫 영어 파닉스					
	Oh! My SPEAKING 1 / 2 / 3 / 4 / 5 / 6	핵심 문장 패턴으로 더욱 쉬운 영어 말하기					
	신간 Oh! My GRAMMAR 1 / 2 / 3	쓰기로 완성하는 첫 초등 영문법					

쎄듀 중등 커리큘럼

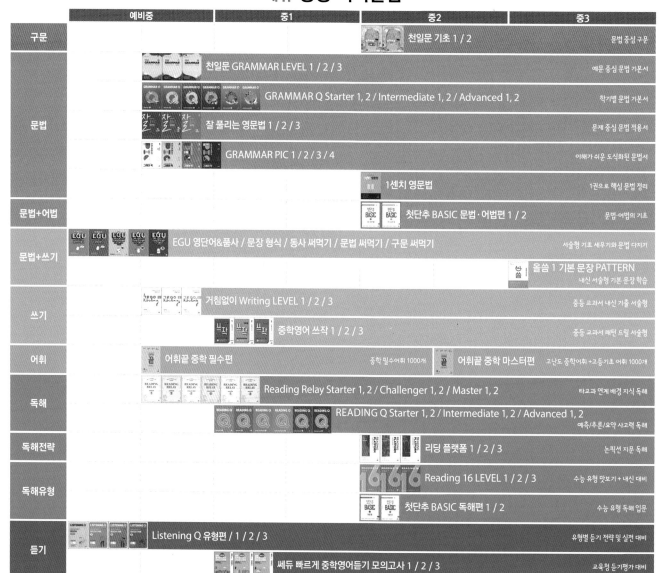

	예비중	중1	중2	중3
구문			천일문 기초 1 / 2	문법 중심 구문
문법	천일문 GRAMMAR LEVEL 1 / 2 / 3			예문 중심 문법 기본서
	GRAMMAR Q Starter 1, 2 / Intermediate 1, 2 / Advanced 1, 2			학기별 문법 기본서
	잘 풀리는 영문법 1 / 2 / 3			문제 중심 문법 적용서
	GRAMMAR PIC 1 / 2 / 3 / 4			이해가 쉬운 도식화된 문법서
문법+어법			1센치 영문법	1권으로 핵심 문법 정리
			첫단추 BASIC 문법·어법편 1 / 2	문법·어법의 기초
문법+쓰기	EGU 영단어&품사 / 문장 형식 / 동사 써먹기 / 문법 써먹기 / 구문 써먹기			서술형 기초 세우기와 문법 다지기
			올쓰 1 기본 문장 PATTERN	내신 서술형 기본 문장 학습
쓰기	거침없이 Writing LEVEL 1 / 2 / 3			중등 교과서 내신 기출 서술형
	중학영어 쓰작 1 / 2 / 3			중등 교과서 패턴 드릴 서술형
어휘	어휘끝 중학 필수편		중학 필수어휘 1000개	어휘끝 중학 마스터편	고난도 중학어휘 +고등기초 어휘 1000개
독해	Reading Relay Starter 1, 2 / Challenger 1, 2 / Master 1, 2			타교과 연계 배경 지식 독해
	READING Q Starter 1, 2 / Intermediate 1, 2 / Advanced 1, 2			예측/추론/요약 사고력 독해
독해전략			리딩 플랫폼 1 / 2 / 3	논픽션 지문 독해
독해유형			Reading 16 LEVEL 1 / 2 / 3	수능 유형 맛보기 + 내신 대비
			첫단추 BASIC 독해편 1 / 2	수능 유형 독해 입문
듣기	Listening Q 유형편 / 1 / 2 / 3			유형별 듣기 전략 및 실전 대비
	쎄듀 빠르게 중학영어듣기 모의고사 1 / 2 / 3			교육청 듣기평가 대비